テンカラ50年

石垣尚男
Ishigaki Hisao

風詠社

目次

テンカラ50年 …… 7

第1章　50年の間に　8

ワンダーランドを探して／テンカラの衝撃／テンカラ研究のきっかけ／個性的な名人たち／テンカラを普及させたい／シマノ・アドバイザーに／テンカラを海外に／本で残す意義／フェードアウトするとき

第2章　イワナ、ヤマメ、アマゴ　20

イワナの出口／地域や個体差で変異の大きいイワナ／アマゴ谷のイワナ／リリースの勧め／匹数制限と擬似餌釣り／魚はそんなに弱くない／イワナは釣られやすい魚／ニジマスが繁殖しないわけ／愛知県にヤマトイワナはいたか／エラの見えるイワナ、どぎつい朱点のアマゴ／イワナの縄張り争い／朱点のないアマゴ、朱点のあるヤマメ

第3章　テンカラ毛バリ論　53
毛バリの迷宮／毛バリの色／エビフリャー毛バリ

第4章　毛バリは痛いか　63
魚は痛みを感じている？／魚は賢い　ー魚にも自分がわかる／アマゴの電光石火を測る／ウエットスタイルは足が火照る／ベテランは遡行が速い

第5章　危険　76
落石　ー死ぬかと思ったほど怖かった／真ヒルのチン事／マムシとツチノコ／遠い雷鳴

第6章　健康　98
加齢なる／減量は0・7食で／腰痛のデパート／下戸だって飲みたい／煙たい話

第7章　テンカラを教える　122
セクハラ師匠、熟女にテンカラを教える／フライマンにテンカラを教える／3つ教える

第8章　テンカラあれこれ　151

昭和24年の毛鈎釣り／アマ語を翻訳する／テンカラの語源あれこれ／ヘビ嫌いはヘビを探す／テンカラ・オノマトペ／天地人／殺気と釣気と集中／理想のテンカラ竿を求めて／ラインはソフティライン／固着のなおし方／釣りはスポーツか／木曽のテンカラ師／自由な日本の渓流釣り／野菜づくりは子育てに似ている

小説　奥三河の毛バリ相伝……205

宇良谷／アメだ／竿次の仕掛け／竿次の教え／アメノウオ／ポンツクの爺さん／イワナ／対峙／筋を流せ／ブナ林に埋もれて

あとがき　244

装幀　２ＤＡＹ

テンカラ50年

50TH
Anniversary of Hisao's
"TENKARA" Fishing

第1章　50年の間に

ワンダーランドを探して

テンカラを始めて50年になる。よくも飽きずに続けたものである。生まれが清水市、現在の静岡市清水区興津である。近くには清流興津川が、目の前は三保の松原を臨む駿河湾である。

川で遊び、海で泳ぎ、山をかけるのが男の子の遊び。興津川の川遊びに夢中になった。ウナギがいて、鮎がいて、ズガニがいて、ザッコがいる。ハサミが長いのはハッサン（テナガエビ）だ。ときどきボラがあがってくる。川の中はワンダーランド。天然の水族館である。振りかえれば子どもの頃のワンダーランドを大人になっても探し続けてきたように思う。

興津川は鮎のドブ釣り（ドブは淵の意）で有名なところである。今の新幹線下の福山淵は海から遡上した鮎が最初に貯まるところで、その鮎を釣る毛バリ釣りの竿が林立するところである。

長兄が好きで、長兄のカブの後に乗って缶々持ちで付いていった。兄の釣った鮎をいかし缶に入れる役目である。兄のドブ釣りをみていたので、小学5年生で青ライオン、赤ライオン、ヤミガラス、オソメ、サキガケ、シンサキガケなどの毛バリとその使い方を覚えた。

中学1年生で初めて3m足らずの竹でキスの投げ竿を自作した。リールは木製のタイコリールで道糸は渋糸。歩けばすぐ海である。そんな仕掛けなので投げても50mも飛ばない。初釣りに親父が付いてきてキスを初めて釣ったのをみて喜んでくれたのを憶えている。

その後もいろいろな釣りに夢中になった。鮎はもちろんのこと、ワカサギ、ブラックバス、シラハエ（オイカワ）、船釣りでは三河湾のクロダイ、マダガ、キス、アイナメ、サーフのキス、浜名湖のクロダイなど、釣れるものなら何でも手を出し、小遣いのほとんどを釣りに使った。様々なエピソードは私の釣り人生を豊かなものにした。

忘れられない釣りがある。知多半島の大井漁港からトンビ魚礁に出る掛《かか》り釣りである。船のトモと舳先を魚礁の上に固定する掛り釣り。船頭がアカシャエビを沈めてコマセにし、エビを餌にしてマダカ（フッコ）、スズキ、クロダイを狙う釣りである。

手釣りである。クロダイのアタリはモスッと微かに指に乗るだけでアタリがとれず、1～2枚釣れればいい方で多くはグッと引くマダカである。

ある日、すべてクロダイの日があった。それもマダカのようなわかりやすいアタリである。今日はどうしたのかと釣友も首をかしげる。サイズもいい。イケスはクロダイで一杯になる。2人で30枚は釣った。最大で52・5cm。これが私の記録になった。

大漁に喜んで帰る道でラジオをつけた。なんと御嶽山が噴火したとのこと。１９７9年（昭和54年）10月28日の大噴火である。御嶽山と伊勢湾は１５０ｋｍも離れているが大地は繋がっているので、噴火がクロダイの荒食いになったのではと思っている。不思議な体験であった。

テンカラの衝撃

多くの釣りの中から次第にテンカラに絞られていった。50年も続けられたのはテンカラと相性がよほどよかったからと思う。道具に依存しないシンプルなテンカラと物にこだわらない性格がピッタリだったからだ。

テンカラを始めるキッカケとなった出来事がある。地元の神越川《かみこし》でのことである。その日は5月の土曜か日曜の晴天の日だった。早朝からの餌釣りでビクには数匹のアマゴ。陽も高くなりビクのアマゴも乾いて底にはりつき、川魚特有の匂いがするようになっていた。

そろそろ上がるか。そのとき土手から誰か降りてきて上流に入った。彼はスルスルと竿をのばしサッと竿を振った。毛バリだ！　数投もしないうちにバシッとアマゴを掛けた。

しばらく彼の釣りを見ていた。さらに1匹釣ったところで仕掛けをしまい、私の前を通って土手に上がっていった。ビクの中のアマゴのゴトゴトする音が聞こえた。

諦めかけたところにあっという間に2匹。衝撃だった。これが毛バリなのか。毛バリは釣れる！　初めて毛バリを見た日だった。

そういえばどこかに毛バリのことが書いてあった。そうだ『渓流のつり』（つり人社）にあったのを思い出した。毛バリは興味がなかったのでスルーしていたのだ。家に帰り、杉本英樹さんの「ヤマメの毛バリ釣り」の項をじっくり読んだ。ここから私の毛バリが始まった。あの衝撃的な出合いがなければやっていなかったかもしれない。

釣具店に行ったら毛バリの竿はないとのこと。ヘラブナのかっつけ竿の先を切った３ｍもない竿が最初の竿になった。

本の通りに数本のナイロンを撚ってラインを作った。指紋が消えるのではないかと思うほど撚った。毛バリも本の通りに巻いた。

撚り糸は巻きグセがつく。なんとかできないかと、両端を画鋲で壁と壁の間にピンと張り、出かけるときに大きな輪にして持っていったなど懐かしい想い出である。

テンカラ研究のきっかけ

その後、『かげろうの釣り』『毛バリ釣りの楽しみ方』『西日本の山釣』があいついで出たことで私の知識はさらに広まった。山本素石さんの本で毛バリ釣りをテンカラと呼ぶことを知った。しかし、あの日以来一度もテンカラをする人にあったことがなかった。今では信じられないがやる人はほとんどいなかったからだ。

本だけでなく雑誌のわずかな記事を頼りに試行錯誤していた。本には水を割って出るアマゴの姿態がイラストで載っている。毛バリは水面を流すことや水面で誘う方法が書いてある。そうか、こうして釣るんだ。

地元の渓流はアマゴだけ。15〜18cmくらいが多く、大きくて20cmあるやなしやのアマゴを相手にしていた。毛バリに出るのに掛からない。水面を引くとバシャと出るが掛からないのだ。

なぜ掛からないのか？　アマゴが毛バリをくわえている時間が一瞬だからではないか。電光石火と本にも書いてある。それならくわえている時間を実験で測ってみよう。そこからテンカラの研究が始まった。

テンカラの研究を月刊つり人に連載したのがキッカケでNHKの「ウルトラアイ」で私のテンカラ研究が番組になった。38歳のときである。当時、視聴率25％の人気番組である。テンカラの研究はその後『科学する毛バリ釣り』（廣済堂）として世に出た。

個性的な名人たち

ＮＨＫで映像になったことを機会に多くの名人たちと知り合い、交流が始まった。十人十色でテンカラーと言われる言葉以上に多彩で個性的なテンカラだった。名人たちの個性や特徴から密かにキャッチワードをつけた。

冨士弘道さん：公家テンカラ　繊細な釣り、毛バリは西陣毛バリ
瀬畑雄三さん：野武士テンカラ　すげ笠、腰にはタイヤチューブ、太い撚り糸
堀江渓愚さん：アーバンテンカラ　フライ用語のスタイリスト
天野勝利さん：おいでおいでテンカラ　終始、竿をあおって魚を誘う
竹株渓遊さん：紀州の荒法師　強い合わせと坊主頭

名人たちのテンカラは個性的、独創的で同時に地域性の強いものである。例えば天野さんは撚り糸を使い、毛バリまで８ｍの仕掛けである。軟調の竿を高くかかげながら魚においでおいでするように竿をあおる。飛騨川ならこれくらいの仕掛けがなければポイントまで届かないからだ。キジの逆さ毛バリ一本槍である。

竹株さんはナイロン4号のラインで毛バリまで８ｍの仕掛けを振る。３ｍのカチカチの竿で腕を精一杯伸して振る。大淵の続く紀州の渓流ではこれでも短い。仕掛けが長いので合わせは強い。小さいアマゴなら空中を飛んで背後に落ちる。スズメの毛バリしか使わない。

名人たちのテンカラはそれぞれ個性的で地域性が強く、どこの渓流でも通用するテンカラではなかった。しかし個性的なテンカラを映像として紹介したいと思った。その頃はＶＨＳの時代である。この思いは『テンカラの達人パートⅠ、パートⅡ』『最強レベルラインテンカラ』になった。

テンカラを普及させたい

この頃から次第にテンカラを普及させたいと思うようになった。こんなに面白いテンカラを多くの人に知ってほしい、テンカラをやってよかったと思う人を増やしたい。自身が大学教員として教え、伝えることを仕事の一つとしてきたことにくわえ、世話焼きの性格なのでその思いが強かった。

渓流釣りの半分をテンカラにすることを目標とした。どうすれば普及するか。まずごく普通の渓流で、誰でもできる仕掛けのテンカラでなければ普及しない。その思いでできたのがＶＨＳ

『テンカラ先生の誰でもできるテンカラ入門』である。

シマノ・アドバイザーに

テンカラの普及にはふさわしい竿がなければならない。幸いにも（株）シマノのアドバイザーとなりテンカラ竿のアドバイスをすることになった。こんな竿が欲しかった、この竿に出合ってテンカラが楽しくなったと思ってもらえる竿をアドバイスした。

テンカラ竿はヤマメ・アマゴ、イワナ、ニジマスといった魚種の違いとサイズの違い、また源流、渓流、本流というフィールドの違いによってユーザーが求めるものが違う。それぞれのニーズにあった竿をアドバイスし、テストを繰り返すことで高い評価の竿を出すことができた。

テンカラはシンプルである。さらに渓流に分け入る釣りである。無くてもいいが、あればいいかもと思うものは要らない、が私のポリシーである。竿先の回転トップはなしにした。塗装も渓流に溶け込むシンプルな色にし、その分、価格を下げることをお願いした。シマノのテンカラ竿はシンプルな塗装が多いのはこの理由である。

最適なラインができないか。（株）フジノラインのアドバイザーになり、ストレートラインとソフティラインを提案し、レベルラインに代わるラインとして世に出すことができた。

さらに２００２年からホームページを始めた。ホームページが出始めた頃である。ＳＮＳと違い長文で自分の考えをまとめ伝えることができる。現在も続けているので20年余りのホームページは発信とともに自身の歩みを記録するものとなった。

テンカラを海外に

海外に歴史のある日本の釣りテンカラを知ってほしいと思った。イギリス起源のフライフィッシングと同様に、テンカラも日本固有で古い歴史がある。江戸時代初期の記録はおそらく毛バリである。フライフィッシングが輸入された釣りとすればテンカラは海外に輸出できる釣りと思ったからだ。

いろいろな縁があり、韓国、台湾、カナダ、イギリス、アメリカでテンカラを紹介することができた。韓国では北朝鮮の国境近くで、台湾では標高２５００ｍで毛バリを振った。アメリカにはこれまで7回のイベントを通してテンカラを紹介することができた。

アメリカでの反応はＣｏｏｌである。素晴らしい、格好いいと言えばいいだろうか。彼らの格好いいはスタイルではない。竿、ライン、毛バリだけのシンプルな仕掛けで魚を釣ろうとすることがＣｏｏｌというわけである。

アメリカへの普及はダニエル・ガルファルドの影響が大きい。英語でなければ海外への普及はおぼつかない。２００９年にキャッツ・キルで会って以来、交流を続けた。日本文化をリスペクトするダニエルはすぐにスキルアップし、日本文化としてのテンカラをアメリカに広めた。

本で残す意義

テンカラの教科書があればもっと普及するに違いない。教科書としてまとめたものが『超明快レベルラインテンカラ』（つり人社）である。現在も版を重ねている。

テンカラファンがもっとも見たいシーンはヒットの瞬間である。33のヒットの瞬間を２つのカメラで同時に撮影したのが『テンカラＨｉｔ　Ｖｉｓｉｏｎ』（つり人社）である。２人のカメラマンが同時にヒットを撮影する贅沢な映像。はたしてこれを超えるものが今後出るだろうか。

映像で見ても実際に見ないとわからないという声に応えて機会あるごとに講習会を開いている。テンカラの普及のためであり、好きで開いているのですべてボランティアである。

時代とともに映像はＶＨＳ、ＤＶＤからＹｏｕＴｕｂｅになった。ＳＮＳで誰もが情報発信できるようになったことは、情報が大量に流れあっという間に消えていくことでもある。

「ゆく河の流れは絶えずして、しかももとの水にあらず。淀みに浮かぶうたかたは、かつ消えか

つ結びて、久しくとどまりたるためしなし」（方丈記）

うたかたは泡である。昔も今もすべては泡のように流れ、消えていく。昔と違うのはデジタル情報という泡が大量に流れていることである。泡の中から何を選び、残すか難しい時代である。源氏物語から千年。紙に書いた文字を今も読むことができる。デジタル情報が千年後まで残るとは思えない。紙と文字で残すことの意義はそこにあると思う。この本も泡であるが、テンカラを50年続けたことを紙に残し、川の中の杭になり、ひととき泡を留めたいと書いたものである。

フェードアウトするとき

50年も続けるといろいろ経験した。大物や入れ掛りを何度も経験しテンカラの妙味を知ったので、今さらもっと釣りたいという気持ちはない。同行の人が、それもテンカラを始めた人が釣ってくれればそれでいい。釣りました！　と喜ぶときは私に釣られたときである。長い間に魚は釣らないが、人を釣るのがうまくなった。

そろそろフェードアウトするときがきた。あと何年テンカラを楽しめるかと思う。幸いにも私はそれなりに魚がいる時代を過ごしたが、これからの渓流がこのままである保証はない。今後、解散する漁協が増えると予想されている。漁協がなくなれば魚は少なくなり、監視がなくなれば荒廃が進む。

『サカナと水辺と森と希望』（つり人社）は渓流魚、漁協、渓流環境の現状と将来についてわかりやすく紹介した良書である。今の私たちに何ができるかはこの本にヒントがある。

50年も続けることができたのは丈夫な身体に産んで育ててくれた両親に感謝である。それとつきなみだが理解して協力してくれた家族にも。なにより一緒に遊んでくれる釣り仲間がいればこそである。一人ではとても続けることはできなかった。心からの感謝を。

第2章　イワナ、ヤマメ、アマゴ

イワナの出口

4月初旬、天竜川の一大支流の遠山川でのこと。南アルプスの聖岳が源流である。その渓流でイワナの出口に遭遇した。

イワナの出口？　イワナの荒食いのことである。かって職漁師はイワナが荒食いすることを「イワナの出口」と呼んだという。イワナの出口があるなら、アマゴの入口はあるのか。ヤマメの裏口はあるのか。ニジマスの勝手口はあるのか？

堰堤の上流は広大な河原が続き、いくつかカーブを曲がるとやがて道路に沿った流れとなる。今日は3人で来た。例によってアッシー君を務めてくれるスズヤンとその友人である。

4月の初旬の日曜。釣人が多いのは覚悟していたが案の定、餌釣りらしい車が数台。晴天である。車から少し下ったところに淵がある。道路から淵を覗き込んだ。

いるいる。左岸のコンクリート護岸に当った流れが瀬となり、瀬の下流は小ジャリのかけあがりの開きになっている。開き出しの手前には２ｍほどの石が沈んでいて、その石が魚たちの格好の隠れ場になっているらしく、石に添って泳ぐ魚の姿がきまってみられる淵である。

この日は淵にはひとめ十余匹のアマゴが固まっていた。この淵でこんな数のアマゴを見たのは初めてである。隠れる様子もない。なぜか上流を向いたまま十余匹のアマゴはときどき上がったり、下がったりするが動きは鈍い。すれちがうときお互いに一瞬止まる。まるで言葉を交わしているようである。

アマゴのサイズはほとんど20ｃｍくらい、なかに25ｃｍを超えているのもいる。これだけいればこの淵で悪くても１つは出るだろう。私もスズヤンもそう思った。

私は下流に下って橋から入った。この橋の上流で右岸からの支流が合流する。右岸に狙いをしぼることにした。

数投目である。石の下のわずかなくぼみからサッと動く影があった。スッと竿が立ちピシッとラインが張った。うん？　ドロッ、ドロッとした動きと引き。イワナだ。内心のアマゴの期待が外れた。まず確実に取り込もう。23ｃｍの細身のイワナである。

とりあえず１匹釣れてホッとする。再度、毛バリとハリスを点検して、上流の右岸すれすれのポイントに毛バリを落とす。これは一発で出た。またイワナである。同じように細身だがサイズは25ｃｍを超えている。

リリースするのでイワナにダメージを与えたくない。口が水に浸かる深さに横たえて写真を撮ろうとするが、こちらの気持ちなど知るよしもなく暴れる。やっとのことでパチリ。

この後もイワナが掛かる。またまたイワナだ。そして次もまたイワナ。どうしたことだろう。このあたりはいつもアマゴの方が優勢なのだが。これまで掛けたのはすべてイワナである。数は数えなかったが「つ」は超えたかもしれない。

上流にスズヤンの姿が見えた。淵のアマゴは全然ダメだったそうである。まったく反応なし。あれだけのアマゴなら1つや2つ、1回や2回毛バリを追うのがあってもよさそうだが気配なしとのこと。それに引き換えイワナの反応はよかったようである。ほんの短い間で6つほど掛けたが、数は正確には憶えていないという。

こんなにイワナが出る日は珍しい。よし、それなら一体いくつ釣れるか2人で数えてみることにした。上流に移動し、左岸から入る支流を降りて二手に分かれた。

私は上流に入った。ここから上流はトラックほどの大きな天竜の赤石がゴロゴロしているところで、赤石、河原、背景の南アルプスのベストマッチが雄大な景観をかもし出している。

そこからも出る魚、出る魚ことごとくイワナである。しかも食い気満々である。アマゴのような俊敏さのないイワナであるが、なぜかこの日は違った。上流に毛バリを迎えにいくようにしてくわえるのである。いつもなら無意識に立ってしまう浅瀬からも出る。こんなところにもいるのだ。

数を数え出してから32匹目まできた。釣っては逃がし、釣っては逃がしの繰り返しである。ここからもまだ際限なく釣れるだろう。どこに打っても釣れる気がする。こんな不思議な日は初めてである。どこにこんなにイワナがいたかと思うほど沸くように出てくる。合流したスズヤンも30を超えていた。

この日、アマゴの顔をみたのは最後の最後、すでに陽が暮れて夕暮れが訪れたときになって２つ出ただけであった。イワナに遠慮に遠慮を重ね、とうとう辛抱できなくなって出てきたとしか思えないような２匹であった。

そういえば淵で群れていたアマゴの動きはイワナへの遠慮のようにも思える。今日はイワナの番だから俺たちは控えなきゃならないぞ。そんな話をしていたのかも。

イワナの荒食いとアマゴの動き。実に不思議な体験であった。そのことがあってからそこを通るたびに淵を覗いたが、みるたびにアマゴの数は少なくなり、あるときとうとう１匹の姿も見なくなった。季節は５月の半ばを過ぎていた。

地域や個体差で変異の大きいイワナ

アマゴ・ヤマメとイワナ、どちらが好きかアンケートをとればイワナに軍配があがるように思う。好きな理由はさまざまだろうが、地方や水系の変異が大きく、同じイワナでもこうも違うのか、その違いが面白いのも理由の一つだろう。

私もイワナ派である。長い間生きるので大物が釣れることにくわえ、顔が好きである。正面からみたイワナの顔は丸っこく愛嬌がある。アマゴ・ヤマメに比べて丸く、目がやや上についていることがそうさせているのだろう。

鮎も日本を代表する美しい魚であるが、金太郎アメのようでそれぞれの魚に個性がない。鮎を手にして大きいとは言うが綺麗と言うことはない。ハゼやサバ、サンマ、カツオにも個体差がない。数が多い魚には個体差は必要ないのだろう。

アマゴやヤマメも地域差や個体差が大きいがイワナほどではないように思う。イワナの個体差は大きい。キメの細かな紫がかった魚体を手にしたとき、思わず綺麗だと言葉が出る。イワナにしてみれば綺麗とほめられて恥ずかしいかもしれない。とくにオスは。「なにが綺麗だ　俺はオスだぞ」

こんなことがあった。場所は長野県伊那谷である。この渓には例年一度は訪れるが、自分の体力が試される大石ゴロゴロの渓である。堰堤が壊れて穴になったポイントから出たイワナは日焼けしたナマズかと思えるほど真黒であった。

おそらく2年ぐらい穴暮らしをしていたのだろう。体長は25ｃｍ程のニッコウイワナである。不思議なことに写真を撮っている間に、体色が黒から茶色にどんどん変っていった。酸欠なのか、綺麗と言われて恥ずかしかったのか、あるいは急に明るいところに出たのでまぶしかったのか写真を撮り終わる1、２分の間に体色は黒からうすい茶色にかわっている。

この日はいつも伊那谷を案内してくれる２人と入った。彼らから面白い話を聞いた。ある渓流で公的機関によるショッカーを使った本格的な調査が行われたという。その渓流のイワナはヤマトイワナらしい。ほとんど釣れないのでここには魚がいないのではと思われていたらしいが、調べたらすごい数のイワナがいることがわかったという。ヤマトイワナは釣りにくいのか。

同じ話は開田高原の鈴木さんからも聞いた。ある２つの釣堀りに片方の池にはヤマト、片方にニッコウを入れたところ、ヤマトはお客さんのハリに掛らない。そこでヤマトをニッコウの池に移したら釣れるようになったという。食いが全然違うようだ。ヤマトとニッコウでは警戒心が違うのかもしれない。

もっとも白い斑点があるのがニッコウ、白い斑点がなく赤い斑点があればヤマトと見かけでざっと区別しているが本当のところはＤＮＡレベルでないとわからないようだ。これは純血ヤマトと思ってもほとんどハイブリッドである。

２つ目は安曇野のイワナである。観光道路のすぐ横を流れる渓流でそこそこのニッコウイワナが数匹釣れた。そのうちの１匹は背中が緑がかった、いわゆるグリーンバックのイワナで背中がサバ模様である。グリーンバックのサバ模様。こんなイワナを釣ったのは初めてである。放流ものとの交雑、その子孫どうしの交雑で川の中は多国籍、多民族状態なのだろう。

アマゴ谷のイワナ

東海北陸自動車道の岐阜県荘川ＩＣから20分のところに尾上郷川がある。国道から尾上郷川に沿ったダートを進むと30分ぐらいでアマゴ谷に着く。アマゴ谷は途中で大日谷と分かれるが、その２つの谷とも10ｍぐらいの滝がありそこが魚止めである。私がつめたのはそこまでで、そのどこにもアマゴがいてイワナは１匹もいなかった。私も釣り仲間たちも１匹としてイワナを釣っていない。

ここのアマゴは体側にサビがかかった特有なアマゴだった。アマゴ谷をつめると周囲のうっそうとした樹林が川を覆ったところがあり、苔のついた滑岩が敷き詰めたように続いている。滑岩のところどころの穴にもアマゴが入っていて、テンカラの楽園のような釣りができた。

通い始めてからしばらくして、ここは日本海に流れる川だからヤマメ域なのにどうしてアマゴがいて、しかもアマゴ谷と呼ばれるのかと思った。当初は尾上郷の本流にアマゴがいるのでそれが上流にもいるのだろうと思っていた。

鈴野藤夫さんの『峠を越えた魚』（平凡社）で、アマゴ谷のアマゴが数百年前に移殖された末裔であることを知った。同書によれば、延享三年（１７４６）の「飛騨国中案内」の中に次のような記述があるという。

『尾上郷村より二里余の谷奥に、甘子谷といふにあまごの魚多く居候。此魚は昔平家の士、此谷に隠れ居候節、右あまごといふ川魚を此谷にはなち候よし、依之今に至る迄甘子魚住候由なり。』

つまり、アマゴ谷のアマゴは平家の落人が放流したものである、という内容である。なんと１７４６年、今から３００年前の記録にすでにアマゴ谷の名前があることに驚いた。ということは、それ以前のずっと前から営々としてアマゴがこの谷に放流されてきたに違いない。

平家の落人がこの谷奥に落ちのびてアマゴを放流したかどうか定かではない。著者は昔、尾上郷川の上流に30戸ほどの木地師たちの集落があったという記述から、大日岳をはさむ長良川筋と交易ルートがあり、長良川源頭からアマゴを移殖していたのではないかと考察している。

おそらくそうなのだろう。つまり、長良川とアマゴ谷の源頭は分水嶺をまたいで近く、江戸時代、あるいはそれ以前から人はここを行き来していて、それゆえアマゴを移植することができたのだろう。

ではなぜアマゴだったのか？　イワナでもよかったではないか。そもそもそこにヤマメやイワナがいたならわざわざ移植しなくてもいいだろう。

アマゴ谷と大日谷には人が住みつく前に1匹の魚もいなかったと考える。というのはアマゴ谷は、大シウド谷の出合いからすぐ2mくらいの滝が2つあり、そこを遡上したとしても、さらにその上流に5mの滝がある。このため下流から遡上する魚はこの滝が魚止めになるからだ。

ヤマメやイワナがこの世に生まれて数百万年らしいが、もしこの滝がすでに渓流魚の誕生以前にあったら下流からアマゴ谷に1匹も遡上できないからだ。源頭の木地師たちはアマゴ谷に魚がいないので長良川源頭からアマゴを移植したのだろう。それがなぜアマゴだったのか？　イワナでなかったわけはわからない。

ところが現在イワナがいるのだ。すでに2つの谷奥までイワナがいる。おそらく誰かが放流したに違いない。もしそうだとすると数百年前から連綿として続いてきた歴史的遺産が密放流により一瞬にして瓦解してしまったことになる。アマゴ谷にはイワナがいないじゃないか。だったら放流しよう。ただ釣りたいために放流したとすればあまりにも残念である。

リリースの勧め

魚釣りの目的は様々で、何に重きを置くかは人によりまた魚により異なる。私のテンカラは魚と遊ぶためであり、それゆえ遊んでくれた魚に「遊んでくれてありがとう」という気持がある。なんで釣った魚をリリースするんだ、魚は食われて成仏するなど魚を食料とみている人にはバカじゃないかと思うに違いない。しかも、ありがとうと声をかけて。キザな。

すべての生物は子孫をつなぐために生きている。人に食われるために生きているのではない。それだけに命を無駄に扱ってはいけないと思う。

私は鮎、キス、クロダイもやるが、これらの釣りはすべておかず釣りである。鮎をリリースするなんてバカじゃないかと思う。キスなら釣れればすぐにクーラーにほうり込み、テンプラにするか、これは刺身になると今晩のおかずの算段である。釣りの目的の一つは釣った魚を食べる楽しみである。

餌釣りをしていた頃はキープだった。魚はうまいし、近所に配れば喜ばれる（と思っていたが、迷惑していたかも）。テンカラを始めてからもキープしていた。リリースしなければと思うようになったのは放流が当たり前になった頃からである。

成魚放流はいつから始まっただろうか。岐阜県の漁業統計では１９８１年が放流のもっとも古い記録とされている[1]。

この頃から始まり、各地で一般化した。渓流の釣堀りが季節の風物詩、渓流釣りとしてテレビで紹介されるようになり、それをどこの漁協でも行うようになった。

渓流の魚が減少したので、急増した釣り人のニーズをまかなうために漁協は放流せざるを得なくなった。釣れないという釣り人の苦情や、少しでも漁協に来てもらうには放流で釣り人を呼ばざるを得ないのも理解できる。

釣った魚はリリースしなければと思うようになったのはこの頃からである。渓流の魚が減っている。持ち帰っていたら魚の減少に手を貸すことになる。リリースすることで産卵できる魚を残し殖やしたい。リリースするのだからカエシのないバーブレスフックを使うことに決めた。

放流の魚は何匹釣ったら満足するかという岐阜県調査では平均22匹であった。成魚放流では20匹は釣りたいことがわかる。これはあくまで平均なのでもっと釣りたいという人もたくさんいる。

値段の高い成魚を放流して釣らせるかは漁協の判断である。上記調査では1000円の入漁料で採算があうのは9匹以下であるとしている。問題は放流の魚を釣る感覚で渓流の魚を見てほしくないことだ。

この感覚で渓流の魚を釣ればどうなるだろうか。たちまち釣り尽くされてしまうのは目に見えている。小さいのも数のうちである。掛ったものはゴミ以外は持ち帰るからだ。

だからリリースしなければならない。もちろん渓流魚を食べたいという気持ちもわかる。お父さんの釣った魚を囲んだ食卓は家族の絆を強くする。持ち帰るならせめて家族の分だけにしたいものだ。

近所におすそ分けもわかるが、決して喜ばれていないこともある。おすそ分けは日本のすばらしい文化であるが、こと渓流魚はやめたいものだ。おすそ分けがなければ渓流魚はもっと残るはずである。

渓流魚の生産性は極めて低く、渓流魚の絶対数は各段に少ない。あそこで釣れたという情報でワッと押し寄せればすぐに枯渇する。

いやいや稚魚放流しているではないか、あんなに放流しているのだから魚はいるはずだと思うかもしれないが、イワナの場合、稚魚が15ｃｍ（持ち帰り可のサイズ）に育つ率はわずか１％である。自然繁殖で生まれたイワナが15ｃｍに育つのは約２％、さらに産卵に参加できるのはわずか０・１％である[2]。

つまり、15ｃｍは小さいと思っても、それは厳しい生存競争を生き残った貴重な魚なのである。さらに産卵に参加できる魚となればキザと思われようが、よくぞ生き残った、元気な子どもを産めよと声をかけたくなる。

海の魚の感覚で持ち帰ればたちまち枯渇する。小さいのはカラアゲにすればうまいなどもってのほかである。稚魚放流した魚が15ｃｍになるのに１%とすると、１万匹放流しても15ｃｍになるのはわずか１００匹である。かりに10万匹放流しても１０００匹しか残らない。稚魚は１匹15円ぐらいなので１５０万円かけてわずか１０００匹である。

この計算から稚魚放流から育った15ｃｍの魚は１匹おおむね５００円に相当するとされている。小さい15ｃｍが５００円である。塩焼き用に50匹釣れば２・５万円分釣ったことになる。これが無券入川なら窃盗である。

いやいや自分が持ち帰るのは大した数ではない、持ち帰っても魚は減らないと思うかもしれないが激減する。

平均の川幅約２・２ｍの５００ｍの区間のイワナを13回にわたり毛バリで釣ってリリースし、死亡率や１回あたりの釣獲尾数（ＣＰＵＥ）を調査した研究[3]がある。

これによればこの区間のイワナではリリースした場合の死亡率は２%である。２%は他の調査とほぼ同じである。つまり、リリースすれば魚はほとんど死なないのである。

この調査では釣れた尾数から、もしリリースしなければこの区間のイワナの35%が13人・回でいなくなると推測している。つまり、１人が13回釣りをするか、13人が１回釣りをするだけで35%がいなくなるのである。

１人が40回、あるいは40人が１回釣りをするだけでここの魚は１００%釣り切られることになる。仮にこの釣り場を穴場にしている2人がそれぞれ20回入るだけでゼロになる。5人で8回である。

自分はそんなに持ち帰っていないと思っても釣りをするのは1人ではない。他の釣り人も持ち帰るので急激に魚がいなくなる。釣れたという情報はSNSであっという間に拡散し、しかも消えることがない。

もはや秘密の渓流などないのだ。自分の秘密の渓流は誰もが知っている。あそこは魚がいなくなったと言われる場所の主な原因は持ち帰りである。

リリースを勧めるのは魚を減らさないためである。いくらリリースしてもキープする人を助けるだけではないかと言われるが、そうは思わない。リリースする人が増えることは渓流魚への認識が変わり、次第に増えると考えるからである。

いやいや魚が減るのは渓流環境の悪化などが原因で、釣り人が持ち帰るのはしれたものだと言う人もいる。しかし自然環境の変化は釣り人にはどうすることもできない。自然環境を理由にして持ち帰りを正当化するのはおかしい。

1.「成魚放流されたヤマメの釣獲特性」『岐阜県河川環境研究所研究報告55号』(2010)
2.「渓流魚の増やし方」水産庁(2013)

3.「野生イワナの毛鉤釣りによるCatch‐and‐Release後のCPUEと生存尾数の変化」『SUISANZOSHOKU49巻4号』(2001)

匹数制限と擬似餌釣り

渓流魚を殖やす、少なくとも減らさないために何が有効で何ができるだろうか。当面2つあると思う。

1.匹数制限する

「渓流魚の遺伝的多様性の増大・維持による経済効果の調査」[1]は栃木県西大芦漁協の渓流釣り師にさまざまなアンケートをしたものである。

調査(アンケート当日)によれば餌釣りが約7割であり、フライとテンカラで約3割である。匹数制限することについて賛成がおおむね5割、反対が3割である。

匹数制限には絶対反対ではないことがわかる。もし、匹数制限するとすれば平均でおおむね10匹としている。これは同アンケートで10匹釣れば満足する匹数とほぼ一致している。

この調査をみると何がなんでも匹数制限に反対ではなく、ある程度の制限は必要と考えている人が半数はいて、10匹までなら満足すると考えることができる。おおむね妥当な数ではないかと思う。

今のように無制限に持ち帰ることができるのは渓流魚のおかれている状況にあっていない。漁協は匹数制限を考える時期に来ていると思う。匹数制限がルール化されれば相互の目があるので次第に定着すると思う。

私のフィールドである岐阜県石徹白《いとしろ》漁協は２０２４年度からC&R区間外の持ち帰りを10匹までとした。ここにはC&R区間があるが、C&R区間ではキャッチしていい数は10匹までである。

2．テンカラなどの擬似餌釣りの普及

２つ目はテンカラ、フライ、ルアーなどの疑似餌釣りの普及である。上記アンケートでも匹数制限に賛成の人は餌釣りで４割であるのに対し、疑似餌では7~8割である。そもそも餌釣りは食料確保が主たる目的である。魚を釣ることにおいて餌釣りにかなうものはない。常食の川虫、グルメのイクラ、臭いのミミズをつけ、細いハリスとオモリで魚の口の前に運ぶのだから最強である。いかにたくさん魚を釣るかを目的に発展してきたのが餌釣りである。

一方、テンカラなどの疑似餌釣りは最初から偽物の餌というハンディをつけて、魚と遊ぶのが目的である。遊びなのだから、遊び相手に遊んでくれてありがとうという言葉が自然と出る。こ

れは餌釣りには絶対に理解できないだろう。私だって鮎やキスに遊んでくれてありがとうは言わない。

テンカラ、フライなどを増やすことで渓流魚が減るのを食い止めることができると思う。これは私の確信である。

テンカラを始めると釣果にこだわらなくなるのはこれが遊びの釣りということがわかるからだ。遊びなので釣れなくても楽しい。たとえ釣れなくても毛バリを振るだけで楽しいのだ。釣るのが目的の餌釣りからは釣れなくて何が面白いかと思うだろうが、楽しいのである。

楽しいことが増えるのは豊かな人生を送る手段を増やすことになる。テンカラをやってよかったという人を一人でも増やしたい。テンカラが増えれば渓流魚が増えると確信している。

1．水産総合研究センター　中央水産研究所（『平成22年度渓流資源増大技術開発事業研究報告書』より）

魚はそんなに弱くない

C＆R区間が少しづつ増えてきた。理屈っぽくて恐縮だが、私はC＆R区間の目的は本来そこに棲む在来種の増殖を目的としたもので、リリースはその手段であると思う。

可能な限り、その河川で採卵した魚を放流し増殖するのが理想だろう。リリースしたところで増えるのかと思うかもしれないが、先行的にこの目的で設定したC&R区間では確実に増殖している。

一方、リリースという手段が目的となっているC&R区間もある。釣り人はなぜリリースするかわからないが、カッコいいからとか、魚にやさしい、あるいは魚を手で扱わなくてよいからキレイなどのフィーリングが先行している場合である。

リリースする本来の目的がわかっていないとリリース自体がぞんざいなものになる。リリースすればいいのだろうと、魚を砂の上でバタバタ暴れさせて、挙句は魚の首を絞めるようにつかんでから、ソーレ、ボチャンと放り込むようなリリースというより投げ込みをするものもいる。

ブラックバスやシーバス[1]の影響からか渓流魚の下顎に指を掛けて、ご丁寧に記念写真を撮ってから投げ込むものもいる。下顎がビローンと下がって、口を開けたままの魚が増えるに違いない。

渓流魚はそんなに弱い魚ではないが、扱いによっては致命的なダメージを受ける。魚をリリースするなら魚の扱いを知っておく必要がある。

ところが魚は一度ハリに掛かると死ぬ。だからリリースしても無駄だからC&Rなんてナンセンスと広言するものがいる。魚を持ち帰りたいための口実である。なぜなら渓流魚は一旦ハリにかかってもその扱いによってほとんど生き残る。そのための方法である。

・掛かった場所が、口の中や体表、また食道内であっても問題なく外せる場合はやさしく外してからリリースする。

・口の中や体表であっても外すのに時間がかかる場合、また食道内の深くにハリが飲み込まれた場合にはハリスを切ってリリースする。

・魚に砂や小石がついてしまった場合には、直接、魚をつかまず、いったん水中へ戻し、水中でハリを外す。

・これらは可能な限り水中でおこなう。

・バーブレスフックを使用する。

1.「シーバス」この言葉が大嫌い。成長にともないセイゴ、マダカ（フッコ）、スズキと呼び名がかわる出世魚なのに一括りにシーバスとは。海のブラックバスではないのだ。

イワナは釣られやすい魚

月刊つり人2019年2月号に「サカナにやさしい水辺の未来」があった。水産学者の坪井潤一さんのC&Rについての研究の紹介である。記事のもとになる研究を探し論文を読んでみた。

1．富士川水系の88ヶ所の淵でイワナとアマゴの釣獲実験をした。あらかじめ生息匹数を調査しておき、餌釣りで釣った。その結果、イワナが17・9％（46／257匹）、アマゴが10・8％（90／830匹）でイワナの方が釣られやすかった

＊日ごろ、イワナの方が釣りやすいと感じているが、やはりイワナは釣られやすい魚なのだ。

2．北海道の4つの河川で、餌釣りで2回のイワナ釣獲実験をした。1回目で釣られたイワナ（標識をつけてリリース）と釣られなかったイワナに分けた。2回目は50日後に再捕獲したが、1回目に釣られたイワナも、釣られなかったイワナも再捕率に差がなかった。

＊50日もたてば、以前、釣られたかどうかに関係なく同じような割合で釣れる。C&R区間で同じイワナを1日に2回釣ったことがある。釣られた経験はすぐ忘れるようだ。

3. 北海道南部の支流で11回の釣獲実験をした。1歳以上のほとんどのイワナ415匹を捕獲し標識をつけて放流した。餌釣りで11回釣獲実験をしたところ、平均で2・15回釣れた。オスはメスより回数が多く、また、大型ほど、過去に釣られた回数が多いほど釣られやすかった。
＊11回の間では、平均で2回は釣られる。オスはメスより、また大型ほど釣られやすいのはそれだけ活発に餌をとるからだろう。

4. 餌釣りでハリを深く飲み込んだイワナ77匹を、ハリスを切ってリリースした。X線で体内のハリを調べた。体内のハリは平均22日後に腐食が始まり、53日後に脱落すると推定された。
＊無理にハリを外さないでハリスを切れば生き残る。

ところで混生域で同数のイワナとアマゴがいるとすればどちらが釣られやすいだろうか。これは私の経験である。ある取り組みのためイワナとアマゴのどちらが釣れるか調べたことがあった。100mの区間にイワナとアマゴの成魚をほぼ同数、同時に放流した。これを2人でテンカラで釣った。2日間繰り返したが、両日とも5：1の割合でアマゴであった。

つまり、混生域だと遊泳力のあるアマゴが瀬を占め、餌の多く流れるポジションをとるのでアマゴの方が釣られやすいのではないかと思う。

ただ、これは成魚放流の場合である。野生魚ではどうか。私の経験からも魚の性質、生息環境からみてイワナの方が釣りやすい（釣られやすい）ように思う。

ニジマスが繁殖しないわけ

なんだ、ニジマスか！　ニジマスはテンカラの対象としてランクは低い。ヒレがマルボロ、胸ビレが癒着している放流ニジマスは簡単に釣れる割に引きが弱いからだ。ただヒレのピンと揃ったニジマスのファイトはピカイチである。ピカピカのヒレピンニジマスなら釣りたいという人も多い。

大型ニジマスを放流した釣り場が増えている。大型ニジマスの強い引きはオフの楽しみである。放流ニジマスにくらべ自然繁殖ニジマスのパワーは格段で、30ｃｍのファイトは放流ものの40ｃｍぐらいのパワーがある。疾走スピードが速い。

日本に来て150年近く、食用の魚、釣りの魚として定着しているのでニジマスが外来種であることを知らない人が多い。ニジマスは「日本の侵略的外来種ワースト100」に選定されている。ニジマスは在来種のイワナ・オショロコマ・ヒメマスなど陸封サケ類を駆逐して占有する傾向にある。一方、本州以南では定着が難しいため、水産資源や釣りの対象魚として放流されている。

北海道の多くの河川ではニジマスが繁殖し在来種を駆逐している。道東のある渓流で竿を出したとき、釣れるのはニジマスばかりで1匹だけオショロコマが釣れたことがあった。おそらくニジマスが侵出する前はオショロコマなどの在来種の渓流だっただろう。

本州以南では定着が難しいとのことである。たしかに釣り大会でたくさんのニジマスが放流されても、そこでその後ニジマスが増えたという話は聞かない。

なぜ本州でニジマスが自然繁殖しないかについては、放流してもすぐに釣りきられる、また本州には梅雨があり卵や仔魚が梅雨どきの増水で流されるからなどとされている。「熊野川水系上流部、山上川におけるニジマスの自然繁殖個体群」（加藤憲司）では本州でニジマスが繁殖しない理由について、釣られやすいニジマスの性質からほとんど釣り切られてしまうためとしている。

釣り大会などでマレに残って繁殖したとしても、釣りの対象となる15ｃｍぐらいではアマゴやヤマメとそっくりである。このためキープされてしまい次の繁殖につながらないからである。

背ビレと尾ビレに黒い斑点があればニジマスであるが誰もそこまで確認しない。私も1回だけ12ｃｍくらいのニジマスを釣ったことがある。そこは毎年ニジマス大会が開催される岐阜県の渓流である。一瞬、あれアマゴ？　と思ったが斑点からニジマスとわかった。このように本州でニジマスが繁殖しないのは、釣られやすいニジマスの性質から放流しても釣りきられてしまうことにあるようだ。

いいかえると持ち帰らなければニジマスは繁殖するのではないか。Ｃ&Ｒ区間は持ち帰りがない。事実、Ｃ&Ｒ区間のニジマスは繁殖しているようである。

私の経験では静岡県芝川、岐阜県蒲田川、岐阜県石徹白のＣ&Ｒ区間ではニジマスが繁殖しその数を増やしている。Ｃ&Ｒ区間ではないが長野県の天竜川でも釣ったことがある。

芝川では30ｃｍ以下はほとんどヒレピンである。蒲田川Ｃ&Ｒ区間では７割がニジマスの印象である。そのためかヤマメが減り、イワナが釣れなくなった。とくにイワナが激減している。石徹白のＣ&Ｒ区間でも尺を超えるニジマスが釣れている。ニジマスが増え、アマゴやイワナが減ったように感じる。

このようにＣ&Ｒ区間ではニジマスが繁殖しそのために在来の魚が減っているように思う。別にヒレピンならニジマスが増えてもいいじゃないかという考えもある一方、いやいや在来魚が減るのは問題だという人もいるだろう。

在来魚の繁殖しているＣ&Ｒ区間にニジマスを放流すると、やがてニジマスに駆逐されることである。それでもいいと考えるかは漁協や釣り人の考えになるが、駆逐された事例があることは知っておく必要があると思う。

愛知県にヤマトイワナはいたか

今、愛知県には当たり前にイワナがいる。私が渓流釣りを始めた半世紀近く前、参考にした本には愛知県にはイワナはいないと書いてあった。そうか、イワナはいないのだ。最初にイワナを釣ったのは長野県根羽川の支流、小戸名川の餌釣りである。

その後、40年ほど前、豊田市足助《あすけ》の「いろは釣具」で大名倉川支流の澄川で釣ったという餌釣りの人のイワナを見た。クーラーにびっしり入っていた。愛知県にもイワナがいるじゃないか。大名倉川はかって足繁く通った渓流で、清流公園上流のお化け騒動など懐かしい。最上流の宇連から下流はまもなくダムに沈む運命である。宇連の上流に北から流れ込むのが澄川である。

今ではイワナはあたり前にいるが、もともと愛知県にはイワナはいたのか興味がわいたので「愛知県産イワナの分布と系統」（荒尾一樹）を読んだ。

これによれば１９５３年（昭和28年）に澄川で採取されたのが記録として最も古いようだ。さらに、イワナはかって段戸川上流に生息していたが１９６３年以降、その姿が見られなくなった。このため愛知県水産試験場は１９７４年から１９７９年にわたって、水産庁日光支部で養殖適応型として開発されたニッコウイワナを矢作川、豊川水系最上流部に放流したようだ。私が「いろは釣具」で見た澄川のイワナはおそらく１９７４年以降に放流されたイワナなのだろう。

問題はニッコウイワナの放流以前、1953年の澄川のイワナである。そこでこれを詳しく知るために荒尾さんの文献をもとに『稲武町史』『設楽《したら》町誌』を調べた。稲武町史には1953年（昭和28年）に設楽町澄川で原田猪津夫氏が釣りにより1尾を採取したとある。

また1960年（昭和35年）ごろに遠山泰治氏が井山川の上流で釣りで採取したとのことである。井山川は矢作川水系名倉川の支流。町史にはそのイワナのサイズや白点の有無などの記述はなく、ヤマトなのかニッコウなのか不明である。

1953年はまだイワナの養殖は行われておらず、すべて天然イワナである。このことから愛知県には天然イワナがもともといたのではないかと思う。他方、誰かが愛知県外から持ってきて澄川に移植したことも考えられる。しかし、わざわざ澄川の源流部にイワナを移植したのか、したとすればその必要があったのかと考えると可能性は低いと思う。

もし天然イワナだとすれば愛知県はヤマトイワナ圏である。世界のイワナの南限であるキリクチはヤマトイワナとされている。そうするとやはりヤマトイワナだったのでは。

あるとき澄川のイワナの話をスズヤンにしたところ、なんと澄川に行きましたと写真が送られてきた。イワナはニッコウイワナの特徴である。

イワナの遺伝子解析の専門家、宮崎大学の岩槻さんに連絡したらぜひサンプルを。そこで澄川源流に6名が3ヶ所に別れてイワナの採捕を行った。アブラビレを切って保存液に入れ、同時にイワナの写真を撮る。結果は残念ながらニッコウイワナとのことであった。だからといってヤマトイワナがいなかったとはならないが。

ところでアブラビレは何のためにあるのだろうか。どうやらアブラビレは効率よく泳ぐためにあるようだ。ないと上手く泳げないのかも。今回、切られたイワナたちは、あれ？　おかしい、うまく泳げないと戸惑っているかもしれない。

エラの見えるイワナ、どぎつい朱点のアマゴ

ときどきエラが短い魚が釣れることがある。なぜなのかと魚の研究者や養殖している人に聞いて、有益な意見をいただいた。

エラブタが小さくエラが見える魚は卵や仔魚のときの環境変化、たとえば川の水を使用しているときの急な水温変化により起こる可能性があるとのこと。管理釣り場の人からは、成魚になってからエラブタが小さくなることはないので、卵や仔魚のときのストレスが原因ではないかとのことである。

つまり卵や仔魚のときのさまざまなストレスが理由と考えられる。渓流魚は非常にデリケートなようだ。出荷の際、エラブタの小さいのもＯＫとするか、ダメとするかは業者の考えと思うが、

全匹ならともかく1匹づつ確認することができないので出荷されてしまうのだろう。

野性魚のアマゴの朱点は小さく、これってヤマメ？　と思うほど少ないのもいる。一方、どぎつい朱点がたくさんあるアマゴが釣れることがある。釣り人からは「おいらんアマゴ」と呼ばれている。

どぎついアマゴになる理由について長野県水産試験場の方から、スーパーに出荷するとき、消費者が朱点がたくさんあるアマゴを綺麗な魚として好むため、そのような魚を養殖するので、それが放流にも回るからではないかと聞いたことがある。

放流アマゴであっても、ヒレも揃って朱点も少なく、一見すると本物？　に見えるのもいる。一方、ヒレがボロボロなのもいるので育て方、餌の違いで違ってくるのだろう。

渓流を釣堀りと見なす人にはどぎつい魚、ヒレボロの魚でいいだろうが、野性魚を釣りたいと思っている人には朱点の多い、どぎつい魚は願い下げである。

御嶽山の渓流で小さなおいらんアマゴが釣れた。ここはずっと以前放流したが、最近は放流していないので自然繁殖したおいらんアマゴである。おいらんの子はおいらんになるのだ。

イワナの縄張り争い

イワナの縄張り争いを見た。縄張りをめぐる反社会の抗争のようだった。普段、見ることがないだけに水の中でこんなことが行われていることが面白く、じっくり観察した。

長野県中央アルプス、標高1500mを流れるイワナの渓流で季節は8月。幅が5m、長さ7mくらいの浅い淵になっていて、一筋の白泡の流れがやがて緩やかな、ここで出るという典型的なポイントを形成している。林道からはすべて丸見えである。

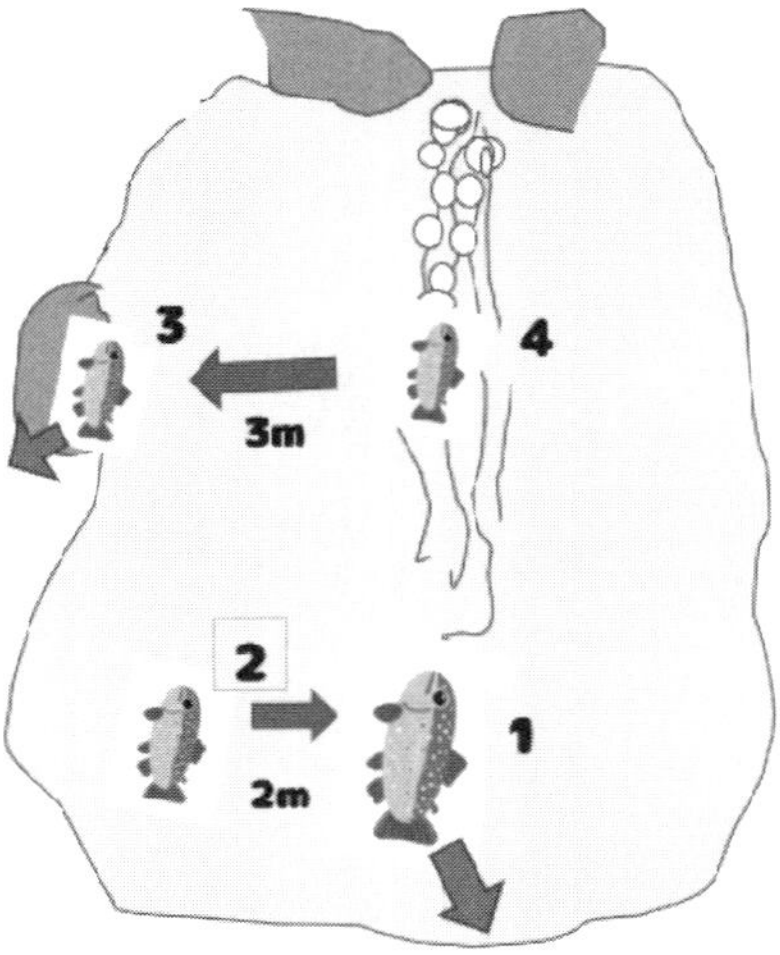

図の1のところが一等地で、ここには27cmくらいのが定位している。ここにいるだけで目の前を餌がふんだんに流れてくる不動のポジションである。

そこから2mくらい離れて23cmくらいの二番手がいる。この二番手が頻繁に1に接近するが、その都度追い払われている。1の場所が空いていないか偵察に来ているのだ。

釣り仲間のMさんが下流から接近する。Mさんからは魚の位置がわからないので、林道からもっと右などと毛バリを落とす位置をアドバイスする。

Mさんがまず2を掛けたが浅掛りでフッキングに至らず。確かにイワナが軽く反転したので一瞬掛かったのは間違いない。Mさんの竿にもフッキングの感触があった。

しかし、イワナは逃げない。何事もなかったかのように元の位置に定位する。一瞬口に掛かったくらいでは「今のなんだべ?」程度のもので遁走するようなショックではないのかもしれない。しかし、そうではなかった。

Mさんは今度は1を狙い、1がゆっくり毛バリをくわえたのを見て一発で掛け、手元に寄せた。すると、するとである。1が空席になったのを見て、2がすかさず1のポジションを占めたのである。なんと素早いことか。1がいなくなったのを見て間髪入れずである。そして不動のポジションを占めてそこに定位した。

Mさんは次に不動の位置に定位した2を狙った。しかし、まったく毛バリを無視である。毛バリには見向きもしない。そうなのか。先にフッキングしても逃げなかったのはここで逃げてしまえば、1のポジションを狙えないし、逃げたら2番手の地位を他のイワナに取られてしまうので逃げなかったのだ。

今度はMさん、岩盤のイワナ穴の3を狙い一発で掛けた。すると、またまたである。白泡の下から3のいた穴に向かって4が矢のような速さで走ったのだ。3が空くのをずっと待っていたのだろう。空いたぞ、ソレ！

距離は3mあるのにどうして3が空いたのがわかるのだろうか。ある意味すごい能力である。白泡の下にいた4が、3を狙ったということは、イワナにとって白泡の下は決していいポジションではないのだろう。

このように私たちの目につかないところでイワナたちの激しいポジション争いが行われている。イワナの世界にも激しい抗争があるのだ。

朱点のないアマゴ、朱点のあるヤマメ

イワナの遺伝子研究からは見た目でニッコウだ、ヤマトだと一口に言えないようである。釣り人としてイワナの遺伝子解析まで知る必要はないので、なんとなくニッコウかな、ヤマトっぽいで十分である。

ではアマゴとヤマメはどうなのかと「遺伝的多様性に配慮した渓流魚の増殖に関する研究」（川嶋尚正）を読んだ。

従来、アマゴとヤマメの境界は神奈川の酒匂川とされていたが、川嶋さんの研究は1本の川

（ライン）ではなく、伊豆半島というゾーンに境界があることを示したものである。もちろん過去に一切放流されていない源流の在来魚についてである。

川嶋さんは静岡県の在来種を５つに分けて調査した。その結果、富士川以西では朱点のあるアマゴの割合が98％以上と非常に高く、東に行くにしたがってその割合が少なくなり、伊豆半島では朱点があるのは西岸で78％、東岸では35％になっていた。

では、朱点がなければヤマメと思うが、川嶋さんの遺伝子分析では伊豆半島の朱点のない魚のＤＮＡを分析するとアマゴのグループに入るという。したがってこれらの魚はアマゴと判断した方が適当とのことである。

最近の研究で、このように朱点の有無があいまいなグループがあることがわかったようだ。つまり遺伝子的にみると朱点の有無だけでアマゴとヤマメの区別はできないようである。

これは一切、放流されていない在来種の話である。我々釣り人からは朱点があればアマゴ、なければヤマメで十分である。

たしかに明らかに放流されていないと思えるところでアレ？　ヤマメか？　とよく見るとかすかな朱点がポツ、ポツとあるアマゴに出合うことがある。こういうアマゴもいるのだと、出合ったことがうれしい魚である。

私が初めてアマゴを見たのは今から70年近い昔である。兄が興津川の鮎の毛バリ釣りで釣った魚である。オフクロが七輪で塩焼きにして食べさせてくれた。

兄はヤマメだと言ったが、多分アマゴだっただろう。当時はアマゴとヤマメの区別はなく、ひっくるめてヤマメと呼んでいたようだ。

朱点のある魚をアマゴと呼ぶようになったのはそれほど昔のことではないようだ。地元、愛知ではアメと呼んでいて、50年近い前は地元の人もアマゴという言葉を知らなかった。

第3章　テンカラ毛バリ論

毛バリの迷宮

誰でも毛バリの迷宮を経験する。私の毛バリは胴が黒、ハックルも黒が多い。ときどき茶、グリズリー、白で巻くこともある。ハックルの色を変えるのは気分である。ハックルをパラッと巻くのでバーコード、見えないのでステルス。あわせてバーコードステルスと呼んでいる。見える毛バリを使う人からはバーコードストレスと言われる。

接着剤のいらない自己融着テープで巻くので1本巻くのに30秒とかからない。いいかげんに巻くのでいいかげん毛バリ、テキトーに巻くのでテキトー毛バリ。ただし、いいかげんは良い加減、テキトーは適当、ふさわしい毛バリの意味である。

毛バリは何でもいいと確信した経験がある。40年近い昔、瀬畑雄三さんから毛バリをもらった。白いハックルでタンポポほどの大きさから「タンポポ毛バリ」と名付けた。こんな虫いないよな。釣れっこない。

ある日、自分の毛バリを使い果たしタンポポ毛バリしかない。どうせだめだろうと使ったタンポポで釣れるではないか。そうか毛バリは何でもいいのだと目からうろこの出来事である。

このような経験から毛バリは何でもいいが持論である。何でもいいと言ってもサイズは関係する。サイズはフライフックの12番～14番サイズであればよく、色も形も素材も関係しない。もちろん、前提があり「渓流の毛バリ」である。C&R区間や管理釣り場では毛バリは関係する。

誰もが一度は毛バリの迷宮に入る。私も迷宮に入ったことがある。出口のない迷宮の中をさまよった。もっと釣れる毛バリがあるのでは、釣れないのは毛バリのせいではないかと。

渓流魚の視力、習性、自信バリから毛バリはなんでもいいと思う。私の考えが正しいかわからないが、毛バリで迷っている人に参考になればと私の考えをまとめる。

1. 渓流魚の視力

私は長い間、人間の視覚の研究をしてきた。その中で他の生物の視覚、とくに魚の視覚についてもいろいろ調べた。魚の視力は渓流魚では0・1程度とされている。人は1・0程度である。魚にCマークやひらがなを見せて調べることはできないが、「う」と「お」はわかるという説がある。

人と魚の目の構造は基本的に同じであるが、渓流魚の網膜の錐体《すいたい》細胞の密度は人の目の1／10

であることから、おそらく渓流魚の解像度は人の目の1／10しかないと思われる。細かいところは識別できない。ボゥとしか見えていないと推測できる。

一方、ワシやタカなどの猛禽類の錐体細胞密度は人の10倍である。このことから人よりも1／10細かいところまで識別することができると考えられる。そのため高い空から地上のウサギ、ネズミなどを見つけることができる。

渓流魚には毛バリはボウとしか見えていないとすれば、毛バリの細かいところに気を配ることはないと考える。

2. 環境に適応する

なぜ渓流魚の視力が0・1程度で、人は1・0程度なのか。それは生物は環境に適応するからである。人の視力がいいのは遠くが見えることが生存に必須だからである。人は遠くが見通せる大気中に生息する。遠くから、それが天敵のライオンか獲物のウシかを見通せなければ生きていくことはできない。

このため遠くがはっきり見える視力が備わっている。現代では天敵はいない（会社にいるかもしれないが）、エサはスーパーにあるので私たちは生存のためにいい視力はいらない。

では渓流魚の水中環境はどうか。地上に比べて暗い。そして出水ですぐ濁る。さらに渓流魚の移動距離はせいぜい数mである。このような環境で人のように遠くが見通せるいい視力はそもそも必要ない。細かいところが識別できなくてもエサらしいものが識別できればそれで十分である。その代り、暗くて濁る環境に適応するために、視力以外の側線感覚や嗅覚が発達していて濁った中でもエサを探すことができる。

渓流魚の目は頭の横に、さらに身体の外にある（頭から出ている）。これにより２７０度の視野がある。広い視野は動くものを発見するレーダーの役割をしている。魚にとって動くものは餌か天敵のどちらかである。いい視力より動くものを発見する方が生存に必須である。

3．渓流魚の色覚

毛バリの色も関係しない。よく毛バリの色を換えたら釣れたことを聞くが、それはたまたまだったかもしれない。毛バリの流れ方、魚の食い気、魚のイライラ感（こんなのがあるかわからないが）によって食ったかもしれないからだ、魚には毛バリはボゥとしか見えないのに、色の違いで釣果に差があるとは思えない。

夏のイワナには黒い毛バリが効果的と言われる。夏は陸生昆虫のアリや甲虫が流れてくるので黒がいいというが、コントラストがはっきりするので見つけやすいからではないかと思う。明るい空に黒っぽい毛バリはコントラストがいい。そう考えれば夏に限らず、黒っぽい毛バリは見つけやすいのでシーズンに関係なく効果的と考えている。

渓流魚には色がどのように見えているかは科学が進んでもわからない。ペットの犬やネコの見え方がわからないのにましてや魚である。

人は赤、緑、青の3色覚であり、網膜にはこれらの色を感覚する錐体細胞がある。渓流魚にも錐体細胞があるので色は感覚できると考えられている。しかし、渓流魚は人には見えない紫外線を色として感覚できる4色覚である。4色覚の見え方を3色覚の人間は想像すらできない。

経験上、色による違いはないが結論である。ずっと以前、それを確かめるために半分冗談で胴もハックルも金ラメで巻いた「小林幸子毛バリ」、胴が緑でハックルが赤の「美川憲一毛バリ」をつくったが同じように釣れている。毛バリはなんでもいいと思った経験である。

4. 毛バリを学習する機会がない

1～3までは渓流魚の視力や色覚からの考えである。渓流魚の習性からみても毛バリは何でもいいと考える。まず渓流の魚は毛バリを見るのは生涯一度である。リリースされなければそれまでである。つまり毛バリを偽物と学習する機会がない。このため餌のようであればくわえる。

学習する機会がないということは素材にも違和感を持たない。自己融着テープで巻いてもこれはゴムじゃないか！　日本製か？　などと思わない。当たり前だけれど。

ところがC＆R区間や管理釣り場では釣られてリリースを繰り返しているので毛バリを学習する。すぐに偽物ということを見破り、ホンマモンを出さんかいと思っている。このようなところでは毛バリのサイズ、色、形は関係する。

渓流ではそれぞれテリトリーがある。渓流の流れは速い。あっという間にテリトリーを流れ去る。その都度、これは本物、偽物など区別する余裕はない。それらしければくわえ（正確には吸い込み）、違えば吐き出す。渓流魚の胃に木クズが入っていることがあるが、おそらく餌と間違って飲み込んだのだろう。そういう習性の渓流魚にこだわった毛バリは必要ない。テキトーな毛バリでいいと考える。そもそも魚にはキレイ、不細工といった概念はないのだから。

5．無数の自信毛バリ

キャリアを積むと自信毛バリができる。自信毛バリは１００人いれば１００ある。つまり、１００の自信毛バリがあるということはどれでも釣れることでもある。

6．フライとテンカラの毛バリ

私はフライフィッシングをしないので、しないものがフライの毛バリについて言うことはできない。同じように渓流魚を毛バリで釣る釣りであるが違いがあるように思う。

「この毛バリで釣れる魚を釣る」のがテンカラ、「その魚が釣れる毛バリで釣る」のがフライであると思う。フライは長い歴史と研究をとおして毛バリについて理論化されたすばらしい釣りであるが、テンカラとは毛バリについての考えは異にしていると思う。

7. テンカラ毛バリはヤゴを模したもの

魚の視力では魚にはハックルは見えていない。ハックルは虫の羽根を模したものではない。ハックルは毛バリの沈む深さを決めるもので、パラッと巻けば沈みが速く、たっぷり巻けば沈みが少なく浅く流れる。

魚にはハックルもハリも見えない。胴がボウと見えているだけである。そう、この形は水中を流れる川虫、つまり魚からすればヤゴである。

渓流魚の主な餌は水生昆虫（多くはヤゴ）である。季節によりアリや甲虫など陸生昆虫の割合が増えるが水生昆虫が主食である。テンカラ毛バリは主食のヤゴを模したものである。

私の毛バリの考えが正しいかわからない。ただ毛バリはこうでなければならないとか、こうでなければ釣れないというｍｕｓｔはテンカラを始める人にはハードルが高い。

毛バリ巻きの楽しみを否定しない。もっと胴の色を変えれば釣れるのでは、ハックルの素材を変えたらどうか。今度の釣行を夢見ながら毛バリを巻くのは楽しいし、そこからすでにテンカラが始まっているからだ。毛バリをどのように考えるか人それぞれである。私のような考えもあることを伝えたい。

毛バリの色

『釣りエサのひみつ』（つり人社）はエサの色、匂い、味、成分、硬さ、音と釣果の関係についてまとめたものである。

テンカラの毛バリが関係するのはこの中で唯一、色だけである。自然渓流の魚には色は関係しないと考えるが、それを裏付けるものであった。

人も魚も網膜には色を識別する錐体細胞と、明暗に対して感度のいい桿体細胞《かんたい》があるが、人の桿体の感度は錐体の20倍。これに対し、魚では桿体の感度は１００倍であるとしている。このことは魚は明暗に対して敏感であることを示している。色に乏しく、暗い水中では明暗に敏感なのは納得である。

このことから魚にはルアーのスプーンは色の違いよりも明暗の違いとして感覚しているのではないかとしている。おそらくそうだと思う。

シーバスのルアーのカラーを換えても釣果に関係しないようだ。なぜなら魚は色ではなく明暗のシルエットで見ているかららしい。この他、色は釣果に関係しないという実験結果が掲載されている。

ただ、色は関係しないと言っても同じカラーを使い続けると釣果が落ちる。見慣れてしまうので、カラーチェンジして目先を変えるとまた釣れるようになるためカラーチェンジは必要である。

渓流のテンカラなら毛バリの色は関係しない。コントラストが高い黒系がいいのは持論である。経験上、管理釣り場やC&R区間では一種類の毛バリだけでは通用しない。すぐに見切ってしまうからだ。そんなときには明暗を意識した毛バリ、大小のサイズの毛バリ、シルエットの違う、たとえばエッグのような毛バリを用意して頻繁に毛バリ交換すれば釣果につながる。

エビフリャー毛バリ

テンカラ仲間のナミぽん（女性）が、エビフライ毛バリでアマゴを釣った。ぜんまいで胴を巻いて、尻尾は赤い羽根募金である。女性ならではの発想。こんな発想はコチコチ頭のオジサンからは絶対に出ない。

ナミぽんのモットーは「夢を釣りに」である。こんなので釣れるのでは、という夢（想像）を形にして実際に釣ってしまう。お見事。

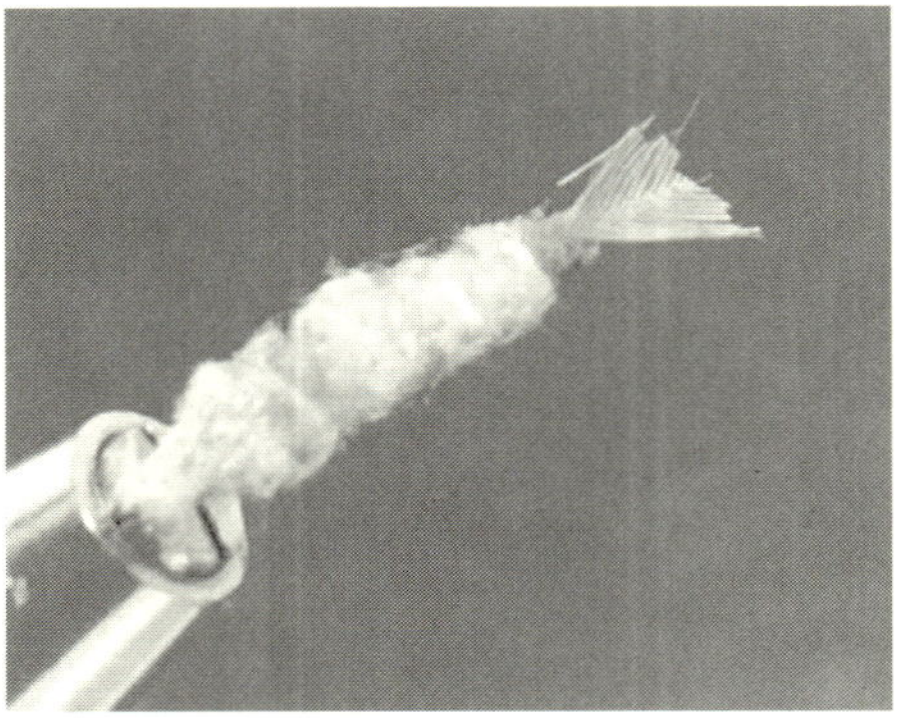

どこから見ても名古屋名物のエビフライである。美味そうだと思ったアマゴはがっぷり食ったに違いない。マヨネーズがあればもっと美味かったとアマゴが、言うはずない。
今どきエビフリャーなんて誰も言わないと思ったら、名古屋には「エビフリャー、どえりゃぁ、うみゃぁでいかんわ、食ってみやぁ」と言う人がいるらしい。
名古屋名物シリーズで金シャチ毛バリ、ひつまぶし、味噌カツ、手羽先毛バリなんか期待したくなる。こんなので釣れたら「どえりゃぁ、わやだがや」

第4章　毛バリは痛いか

魚は痛みを感じている？

魚は痛みを感じるだろうか。『魚は痛みを感じるか』（紀伊國屋書店）の著者はニジマスを対象に慎重に実験を重ね、結論として魚は痛みを感じるとしている。その痛みが私たちが感じるものと同じかわからないが、何らかの痛み（苦痛）を感じていると結論している。

魚はハリに掛っても痛い！　と言わないし、口をゆがめることもないがおそらく何らかの苦痛を感じているのだろう。

鮎の友釣りで尻ビレに逆バリを打つとき、刺す場所によってビクンと激しく身体をよじらせる。ところが場所がほんの少しズレると反応しないので反応は局所的である。

この瞬間は人なら電気が走るような衝撃があるのかもしれない。その割に鼻環を通すときはそのような反応はない。鼻の軟骨を金属が貫くのだからさぞ痛いと思うのだが。

テンカラで掛け損ねた魚が水の中でキリキリ舞いする。魚は口の周りでも痛みを感じるらしいので掛け損なった衝撃が痛みとなっているのかもしれない。毛バリは痛いに違いない。

かかった魚がクルクル身体をまわしてハリスを巻きつけ切ろうとする、と言われるが、あれはキリキリ舞いするときハリスが身体に巻きついてしまう「結果」であって切ろうとする「目的」ではない。自分を拘束しているのがハリスとわかった上でハリスを切るという知恵が魚にあるとは思えないからだ。

本の著者は魚が痛みを感じるという結果から「魚の福祉」にまで及んでいる。魚の福祉？　翻訳の「福祉」がよくない。魚へのやさしさが適切と思う。

釣り人がこの分野にかかわるのはリリースである。痛みを感じるならできるだけ痛みを感じさせないようにカエシのないハリを使うのもその一つ。

しかし、この本によればC&Rは魚に何度も痛みを与えることになるから、むしろリリースしない方が「魚の福祉」になるという考えを紹介している。

誤解もある。魚が深くハリを飲み込んでしまった場合には処分すべきである。なぜならハリが刺さったままだと炎症を起こしエサを食べられなくなるからだと。

いずれも著者が釣りをしないことからくる誤解である。この部分は自分の体験に基づいておらず、誤った知識をもった釣り人の意見を参考にしたものだろう。

現在ではハリを飲みこまれた場合には、ダメージを与えずにハリスを切ればその多くは自然にハリが外れ、死ぬことはないことがわかっているからだ。

魚が痛みを感じるならタコはどうか、エビはどうか、ミミズはどうかと果てしなく発展してしまう。タコが痛みを感じるならタコの福祉はどうすればいいのか。茹でダコは苦痛だろうからタコの刺身ならいいのか。生きたまま天ぷらにされるエビは熱いだろうな。ミミズにハリを刺したら痛いだろう……などと際限なく考えているうちに私の頭が痛くなったのでこのへんで。

魚は賢い　―魚にも自分がわかる

『魚にも自分がわかる』（ちくま新書）を読んで魚を見る目が変わった。にわかに信じられない。ええ！　本当なのか？　と何度も読み返した。魚を見る目が大転換した。魚は賢い。何もわからないと思うのは間違っているようだ。

本によれば、その土台になるのが今から４億年前の魚の脳の化石である。化石の分析から現在の人間の脳と４億年前の魚の脳の構造と脳神経が基本的にまったく同じであることがわかったという。

魚の脳は脊椎動物の中でもっとも単純で、両生類、爬虫類、鳥類、哺乳類、霊長類、人類と進化した。大脳新皮質は哺乳類になってから付け加わったとされてきた。

しかし、今世紀になってからこれは間違いだったことがわかったという。脊椎動物の脳は大きさや形、内部構造は違っても基本的に同じであり、魚にも大脳新皮質に相当するものがあるようだ。つまり4億年前に私たち人間の脳の基本がすでにできていたことになる。

私たちは鏡を見れば鏡の人物は自分ということがわかる。チンパンジーも時間がかかるが鏡に映るのが自分であることがわかる。チンパンジーは人に近いから賢いのだ。

ところが、さらに研究が進みゾウやイルカ、カラスの仲間のカササギもわかることが知られるようになった。(異論もある)

著者の研究でついに魚にも「鏡に映っているのが自分である」とわかることが明らかになった。人間にできることが魚でもできることになる。

魚(この本ではホンソメワケベラ)は鏡に映る自分の姿をみて、時間はかかるがこれは自分だとわかるというのである。それはチンパンジーが自分とわかるまでと同じような過程をとるという。

にわかに信じられないが緻密で巧妙な実験の積み重ねから証明できたとしている。実験では密かにホンソメワケベラの身体にマークをつけ、やがて鏡に映るマークに気づいてそのマークを取ろうとする。

つまり自分についたマークに気づくことから鏡に映る魚が自分であることがわかるとしている。

現在、実験に成功しているのはホンソメワケベラだけであるという。

ホンソメワケベラはグループをつくる仲間の顔のわずかな文様の違いで仲間か、知らない魚かを判別しているらしい。狭い範囲でなわばりが固定していて、グループの仲間と知らない魚を顔で見分けるというホンソメワケベラの社会性によるようだ。

このため、個々の顔を識別する必要のないイワシやサンマはできないだろうとしている。おそらく渓流魚もできないだろう。

魚は錯視図形をみれば私たちと同じように錯視する。痛みも感じる。魚は私たちが思う以上に賢いことは間違いないようだ。

管理釣り場やC&R区間では毛バリにすぐにスレるが、毛バリが偽物であることをわずかな経験からわかってしまうのだろう。

渓流でドライを使うとき、毛バリをくわえる寸前でプイッとUターンするのがいる。しまった！　バレちゃった。

バシャ！　よし食った！　と合わせてもスカである。食ってない。よく見ると毛バリを飛び越したり、毛バリの直前でひっくり返っている。魚が毛バリをこれは餌じゃないオカシイ？　違う！　とわかってする行動なのかもしれない。

アマゴの電光石火を測る

テンカラの研究を始めたのは35歳ごろである。テンカラの研究は趣味なので大学教員としての業績（ポイント）にはならない。テンカラの研究はテンカラを始めて8年目からである。当時、渓流で誰一人として逢うこともなく、ビデオもない時代である。

他人のテンカラを見る機会がないのだ。今からは信じられないくらい誰もやらない釣りだった。本にはヤマメ（アマゴ）は水面に出る、その瞬間を掛けると書いてある。

実際、本のとおり水面にバシャッと出るアマゴは素早く、なかなか掛からない。出るのに掛からないので掛かる確率はどのくらいか数回にわたり計算した。なんと5％である。１００回出ても5匹しか掛からないのだ。

パッと出てパッと毛バリを離すアマゴの速さは「電光石火」と呼ばれていた。瞬く間である。まばたきより速い。あまりの速さで目ではわからない。

いったいアマゴの電光石火はどのくらいの時間なのか、くわえている時間を測ってみよう。アマゴの速さがわかり、さらに「出た！」と合わせる時間も測れば掛からない理由がわかるだろう。

今ならスマホを工夫すれば映像から割り出すことができるが、家庭用ビデオも普及していない時代である。そこでどうするか。

そうだ、光センサーを使えばいい。毛バリの胴の代わりに極小の光センサーをつけニクロム線をハリス代わりにする。センサーが口の中に入れば暗くなり、口から出れば明るくなるのでオシロスコープで増幅し波形を記録紙に描けば時間が計測できる。

渓流では無理なので、地元のマス釣りセンターをお借りした。電源がないので発電機を用意する。水面上１ｃｍくらいに毛バリをスッ、スッと動かしてもアマゴはまったく反応しない。おかしい？　そうか発電機の震動が地面に伝わり、それで魚が警戒しているのだ。遠ざけると反応するようになった。魚は敏感である。アマゴだけでなく、イワナ、ニジマスの違いも調べた。何日も足を運びある程度のデータになった。

その結果、アマゴが毛バリをくわえ毛バリを離すまでの時間は最短で０・２秒。電光石火が０・２秒であることがわかった。まばたきが０・３秒だから文字通り「瞬く間」である。

アマゴは圧倒的に速い。イワナ、ニジマスと比較すると速さはアマゴ＜ニジマス＜イワナである。実釣でもこの順は納得する。イワナの方がニジマスより長い間毛バリをくわえている。

これは光センサーによる結果である。本当にアマゴは０・２秒で毛バリを離すのか映像で確認したい。しかし、当時のビデオでは０・２秒を映像化できない。そのとき、ＮＨＫから私の実験をもとに「ウルトラアイ」で番組をつくりたいという話があった。テンカラの実験を月刊「つり人」に６回にわたり連載していたので、それをみたＮＨＫの毛バリ釣りの好きなディレクターが

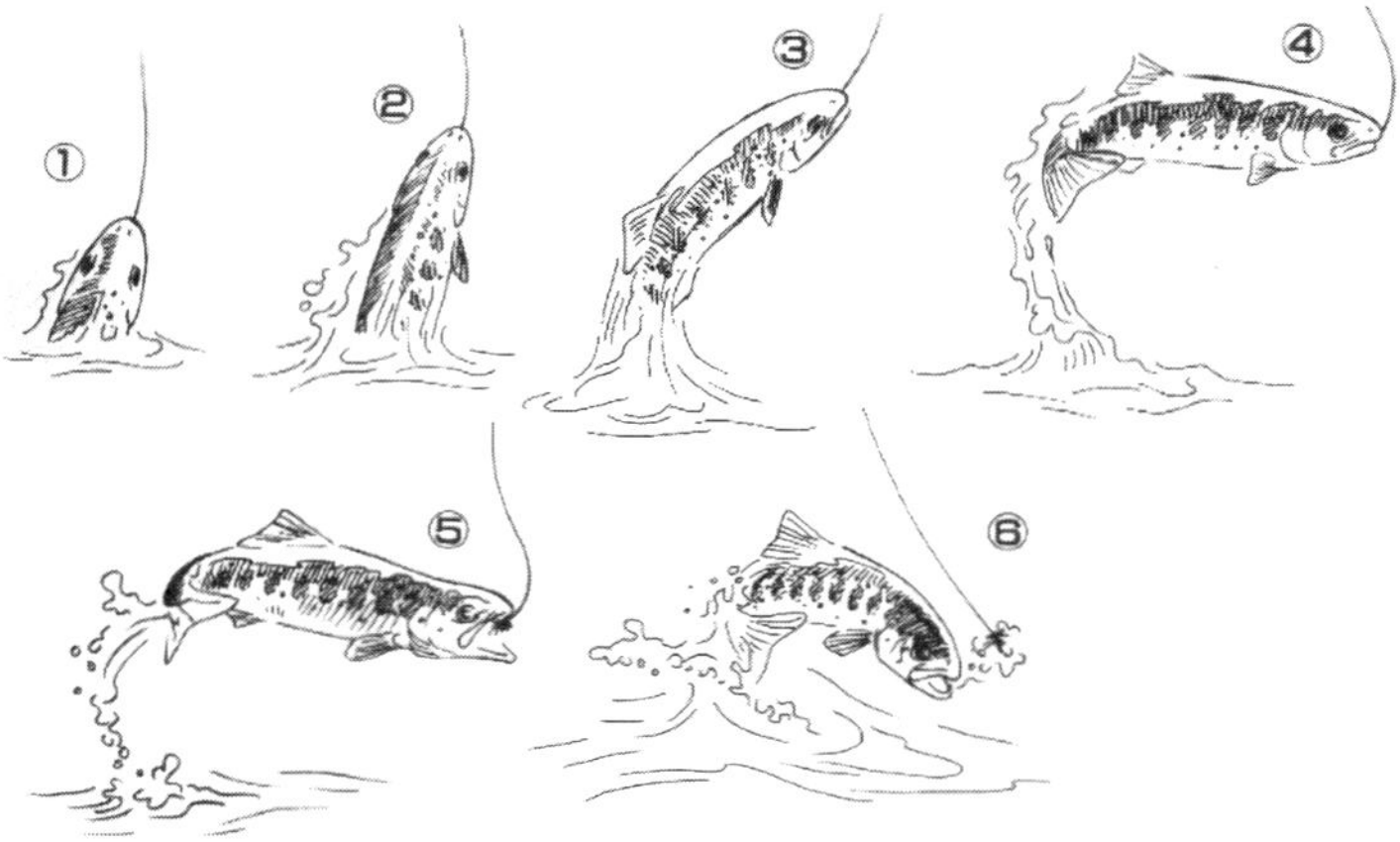

（出典：石垣尚男著『科学する毛バリ釣り』廣済堂出版）

これは面白い、ぜひ番組にしたいとのこと。

願ってもないこと。アマゴが毛バリをくわえている0・2秒の撮影は滋賀県醒ヶ井養鱒場で行った。NHKは総力をあげて、毛バリをくわえて離すまでを撮影した。毛バリをくわえ吐き出すまで0・2秒が映像により証明されたのだ。

では出た！　と合わせをする時間はどれくらいだろうか。それも測ってみた。魚が出たのに見立てて小さなライトが光る。あ、出た！　合わせをすると毛バリの代わりの紙が赤外線をカットするまでの時間を測る装置である。

結果、合わせの時間は0・3秒である。どんなにしてもこれ以上速くならない。つまり0・2秒で離すアマゴに0・3秒で合わせていたら掛からないのは当然である。

バシャと0・2秒で出る。それを掛けるために早めに合わせをすればタイミングが合う。しかし、これでは掛かる確率は低い。当時の私はバシャと出たのを掛けるものと思っていたので確率が５％だったのだ。

つまりアマゴの０・２秒と釣り人の０・３秒が勝負しても負けである。では、どうすればいいか。最短時間と勝負しないことである。水中ならもっと長い間毛バリをくわえているので水中で掛ければいい。

そこでアマゴが水中で毛バリをくわえている時間も測った。空中では０・２秒だったのが、水中ではもっと長い間くわえている。毛バリをくわえるときはエラを開いて水と一緒に毛バリを吸い込む。だから正確にはくわえるのではなく吸い込む。

しかし、水の中では吐き出そうとしても水が抵抗になって吐き出すことができない。このためくわえている時間が長くなる。実釣でも長い間くわえているのを経験する。吐き出そうとしてモゴモゴしているのがよくある。

だから毛バリを沈ませて流せばいい。沈ませるといってもせいぜい５～10ｃｍ程度であるが、水中でくわえた場合にはパッと離さない。ハリスがピンと張って、いわゆるテンションを感じるまでくわえている。フッキングの確率を上げるにはくわえている時間を長くすればいい。

そのために水中を流す、ラインを細くする、ラインを長くする、流れなりに流すなどで工夫する。このようなことは実験しなくても経験を積めばわかることだが、経験でわかることを実験で裏付けたわけである。

ウエットスタイルは足が火照る

夏が来れば気が重い。水につかれば足が重い。言うまでもなく、夏はウエットウエーディングが快適である。ところが私は水に足をつけていると、その後に足がポンポンに火照《ほて》り、翌日は足に鉛を入れたように重くなる。疲れがとれない。

これは非常に不快で、そのため暑くてもウエットスタイルにするか悩む。私のような人は結構いるだろう。ところがウエットでも足が火照ることもなく、いたって快適という人もいる。

原因はわかっている。私は交感神経優位なタイプである。暑がりである。血管感受性が高く、冷たい水で急速に血管が収縮し、反作用で今度は拡張するのでポンポンに火照るのだ。そういう体質である。

鮎タイツの疲労感を調べる実験をしたことがある。私と同年代のKさんの体表面温度をサーモグラフィーで記録した。Kさんはくやしいけれどまったく足が火照らないタイプである。

室温30℃、湿度70％の人工気候室で、水温25℃の水に下肢をつける。水につける時間は3時間、水から上がって3時間。その途中で血圧、心拍、鼓膜温などを記録するものである。

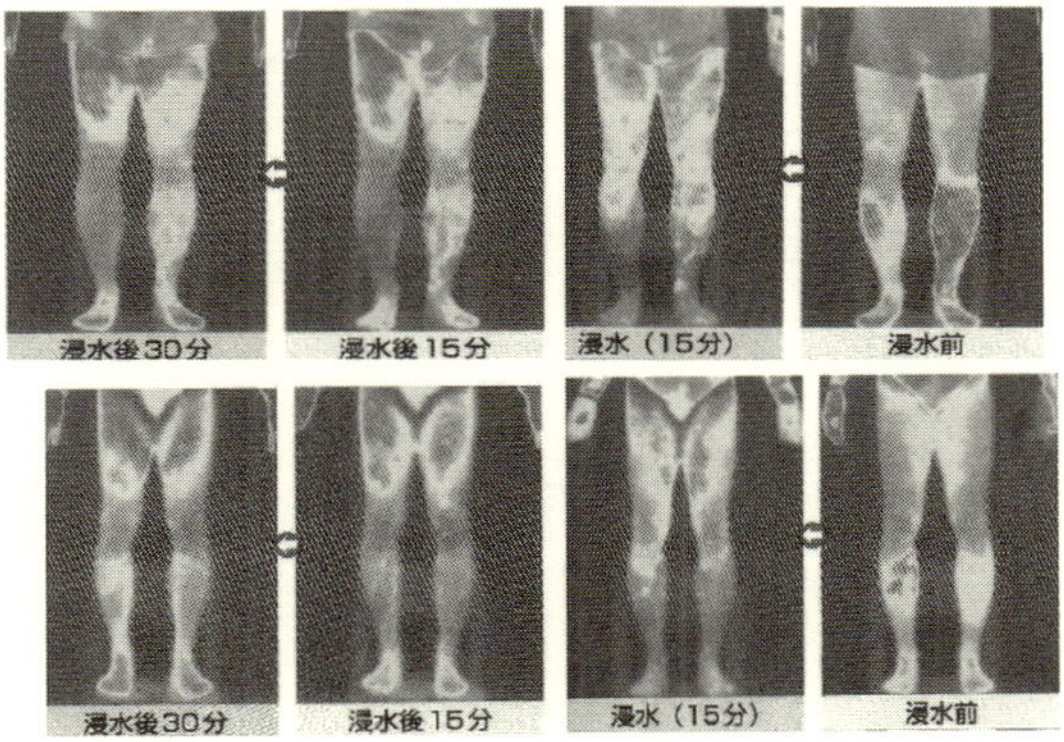

Kさんと比べて私の体表面の温度は高い。真っ赤（右上）である。これが水につかって15分で真っ青、急速に足が冷えている。今度は水から上がるとすぐに温度が高くなるのがわかる。

私は寒さに強い。みんなが寒い、寒いという日でもそれほど寒いと思わないのは体表面の温度が高いからだ。10月半ばの北海道で半袖だったのは私と佐川急便だけである。

逆に夏は汗まみれ。歩く散水車、暑がりジェイソン。それもこれも体表面の温度が高いからである。ウエットスタイルで一日釣りをした夜、火照りがひどいときにはふくらはぎで目玉焼きが焼けるのではと思うほどである。

対策として足を冷やさなければいい。そこでウエイダーのとき、ふくらはぎにレッグウォーマーをするとダルさは多少軽くなる。

ウエットスタイルは快適で軽快であるが、その後の火照りとダルさを思うとどうするか悩むところである。ウエットでも何ともないという人はつくづくうらやましい。冬は寒いかもしれないが。

ベテランは遡行が速い

健康には1日1万歩歩くのがいいとされているが、最近、それでは歩きすぎと言われるようになった。テンカラでは一体どれくらい歩いているだろうか。歩いているようであり、そうでもないような。興味を持ったのであるイベントの際、万歩計をつけて歩数を測ることをお願いした。皆さん快く引き受けてくれた。

配った万歩計は30個。約1ヶ月の間にデータを送ってくれた人は16人。16人が合計60データを寄せてくれた。たったこれだけのデータだがおおまかなことがわかる。

まず、車から降りて車に戻るまでの総歩数は4千歩と8千歩にピークがあった。これは1クールの歩数である。午前中だけなら1クール4千歩、午後もやれば8千歩、夕マズメも頑張れば1万歩を超えることである。丸1日やれば結構歩いている。

これを釣りした時間で割ったのが時間歩数である。1時間あたりのピークは1500歩であった。普段、平地を歩くときは1時間6000歩なので1／4の速度である。ポイントで止まり、次のポイントまで歩いてまた止るのだから非常にゆっくりである。

テンカラのキャリアと歩数には関係があるだろうか。ベテランになるとポイントの見切りがはやくサッサと遡行するような気がする。

結果、キャリアが長くなるにつれて遡行速度が速くなることがわかった。例えばキャリア１～２年の人は時間あたり１０００歩以下だが、10～20年のベテランになると１５００歩かそれ以上である。約１.５倍以上、遡行が速い。

この違いはズバリ、見切りの違いである。初心者は一ヶ所で粘るからである。魚が出るか、出ないか判断がつかないので、出ないところでも繰り返し打ったり毛バリを換えたりして粘る。ベテランになると「出ない！」の判断が早く、出ないと決めたらサッと次のポイントを狙う。このため打つポイントは何倍も多く、その結果、魚も釣れる。テンポ、見切りの違いが歩数の差になって表れている。万歩計一つでもこんなことがわかる。

渓流釣りは同じレベルの人と一緒がいいといわれる。遡行のテンポが同じだからテンポよく釣り上がることができる。ベテランと初心者ではベテランが遅い初心者を待つことになる。心の中では「そんなとこ打ったって、出っこないのに……」なんて思いながら。見切りができるまでには経験が必要である。

第5章　危険

落石　―死ぬかと思ったほど怖かった

落石注意の標識は、三角の山から丸い石が落ちて来る図柄である。毎日の通勤途中に一ヶ所落石注意の標識があるが、見慣れた図柄から落石とは石がゴロゴロ転がり落ちるものと思っていた。あの事故に遭うまでは。

平成13年7月11日、長野県遠山川支流北又沢。南アルプスの急峻な山々を源流とする遠山川は、遠山アマゴと呼ばれるヒレが大きく体高のある特有のアマゴや、ヤマトイワナを育む天竜川の一大支流である。だが中央構造線が走っていることもあり、崩落の絶えない所でもある。

北又沢の濁りがとれなくなって2ヶ月余り。一時の茶濁からカフェオレに収まったものの、このままでは下流域にも影響があるということで崩落地点の確認に行くことになった。メンバーは4名。水質調査のため諏訪の水産試験場研究員のOさん、地元から草田さん、釣り仲間の榊原さん、そして私である。

前夜、地図を元に打合わせ。翌朝、北又沢出合いを7時に出発。かっての森林鉄道の軌道敷の跡には干からびた数匹のカモシカの死骸。この冬はことのほか雪が多かったようだ。道路には無数の落石。それもバラバラに砕けて鋭利な刃物のような割れ方をしている。遠山川でパンクが多いのはこの石を踏むからである。

第1堰堤を通過。小休止をとる。草田さんが指さすところを見上げると、しらびそ高原の山腹を切るように1本の林道が北又沢の源流に向って走っている。造ったとたんに廃道になってしまったそうで、あの林道も北又沢の荒廃に手を貸しているらしい。

4人は第2堰堤に向って歩みを進めた。ここからは崩落により道は埋まり、45度のガレ場に付いた幅1m程度の踏み跡を一列になって進む。やがて道はとだえ岩盤に出る。そこには4mほどのロープが縛ってあり、それをつたって第2堰堤上の広河原に降りる。第2堰堤はすっかり土砂で埋まり、真っ平らな幅100mはあろうかという河原に細々とした一筋の流れがあるだけだった。

ここで第1回の水質調査。メモを取り、さらに上流を目指す。広河原から川幅はグッと狭まり、見上げれば我々は急峻な谷底にいることに気づく。梅雨の晴れ間の快晴である。右に左に川を渡り、河原を歩き順調に歩を進めた。

広河原から30分も歩いた頃だろうか。右岸に小さな淵ができている高さ15mほどの岩盤の場所に出た。私は先頭を歩いていた。ふと岩盤を見ると上部がテラテラと光っている。ということは、ここを石がいつも落ちているからに違いない。

イヤな予感がした。コチッと石のスレる音がした。本当にしたのか、したように感じたのか分からないが、ここは危ないという直感がした。

ここは危ないので早く通ってしまおうと岩盤を指差し、声をかけた。全員が岩盤を見上げ納得したようだ。そこを迂回するように川を上がり、河原を歩き始めたその時だった。

ガラガラ、ガツーン、チーン、チューンという激しい音がした。アッと思って岩盤を見ると、岩盤上部からくだけ散った無数の石が迫ってくるのが一瞬見えた。

「あ、危ない！」

たぶん、声は出なかっただろう。とっさに河原に伏せたその瞬間、左腕に激痛が走った。

「痛い！」

な、なんだ？　左手が変な方向にある。外側に折れ曲がっているのだ。長袖シャツから血が噴き出ている。しまった、やられた。その腕の先には草田さんと榊原さんが岩盤直下の淵に首までつかって頭を抱え、耐えているのが見えた。彼らの前の水面にはバシバシと水柱が立っている。

まだ落石は続いた。ともかく頭を守らなければと右手で頭を抱え、身をかがめ必死で耐えた。ともかく当たるな、当たるな、頼む！　それだけだった。その間にも砕け散った石が私の周囲にバチバチと音を立てて落ちた。

落石は止んだ。幸い、ほかの３人に怪我はなかった。岩盤直下にいたので助かったのだ。石が彼らの頭を越していったその先に私がいたのだった。左腕２本の骨折は明らかである。しかも、曲がりようからみて複雑骨折だ。

歯を食いしばる激痛である。まず血を止めなければならない。タオルを裂いて上腕の付け根を縛って止血する。効果があったようで血は止まった。幸いにも石は私の腕を滑るようにして落ちたので表面の肉をかすめ取るように剥いでいっただけである。もし、まっすぐ落ちていたら、腕が切断されたのは間違いないだろう。

私は事故の割に意外と冷静だった。３人がいてくれるという安心感がそうさせていた。多少の知識があったので私はこれから２つの体験をするだろうと思っていた。

「来た！」

スッと気が遠くなった。出血を止めるために血圧が低下しているからだ。目の前が暗くなった。これはいけない。頭を振り、とりあえず身体を動かし血圧を上げよう。しばらくして目の前が明るくなった。流木で腕を挟むようにして添え木をしてもらいタオルで腕を吊った。

帰れるだろうか。とりあえず広河原まで下る。ここで岩盤のロープを登らなければならない。登れるか。誰か先に下りてヘリを呼ぼうかという話も出た。堰堤上なら着陸できる。いや、迷惑はかけられない。絶対に登るぞ。

不思議なことに、この頃になると、さしもの激痛もうそのように痛みはなくなっていた。2つ目の体験である。脳内麻薬・エンドルフィンが出ているのだろう。痛みを抑え、その間に生き残るすべを模索させるための人体に備わった不思議である。まったく痛くないのだ。大怪我なのに気分はむしろ高揚している。いつもの冗談さえ出る。

ロープを前にした。仲間が支える手や肩に足を乗せ、右手でロープの結びコブをつかみ、グンと引きながらパッとロープの上をつかむ。この繰り返しである。声をかけ、励まされ、少しづつ上に、上に。とうとう岩盤を登りきった。ここまで来ればあとは車まで1時間である。車が近くなるにつれ、助かったという喜びがふつふつと湧いてきた。

携帯のつながらない地域である。直近の人家まで車を走らせ、草田さんが電話を借り、救急車を要請し、飯田市民病院に搬送された。仮の手当てののちに地元、豊田の病院に入院、手術となった。以上が落石事故の顛末である。

道路標識の図柄から落石は石がゴロゴロ落ちて来るイメージだったがそうではなかった。岩盤の上から無数の石が流星のように落ちてきたのだ。クラスター爆弾のように。おそらく、岩盤の上から加速して落ちてきた石が岩盤上で砕け散ったのだろう。避けようがない。ただ身を伏せるのが精一杯である。たった数秒だったと思うが、ひたすら当たらないでくれと祈るだけだった。

今にして思えば腕だけですんだのは奇跡である。とっさに伏せた腕から20ｃｍずれていたら、脳髄は飛び散って痛さも感じない即死である。背骨なら生涯の後遺症が残ったに違いない。肋骨なら折れた骨が心臓か肺に刺さっただろう。

幸いにも骨は腕を突き破らなかった。もし、骨髄が土に刺さったら、生涯、骨髄炎で病むことになるだろうと医師から告げられた。なにより1人だったらまず生きては帰れなかっただろう。

私は運のいい男である。生後3ヶ月で医師からこの子は助からないといわれた鼠径ヘルニアから奇跡的に生き残って以来、運のみで生きてきた。ここでも運の神様が助けてくれた。

左腕だったのも幸いである。もし、右腕なら好きなテンカラにも支障が出たかもしれない。これもテンカラの神様がもっとテンカラをやりなさい、もっとテンカラの普及に尽力しなさいと助けてくれたのだと思っている。

飯田の病院から家内に事故のことを連絡した。

「いいか、落ち着いて聞いて……」

事故のことを話したが家内は冷静であった。地獄の底を這うような冷たい声で

「なにぃ？　生きてたの。死ねばよかったのに。保険金が入らないじゃないの……」

この言葉を聞いて、死ぬかと思ったほど怖かった。私は、運が悪い。

（なお、一部フィクションがあります。家内がくしゃみしてます。フィックション！）

真ヒルのチン事

こういう話はしたくない。結局、下ネタ話になるし、ウケを狙っているように思われるのもイヤである。が、渓流釣りをしているとこんなこともあるというチン事としてまた教訓として恥ずかしながらチン述することにする。

それは真夏の遠山川でのことだった。早朝の深い朝霧の下に沈んで遠山川は薄青く、また灰色とも見える色で流れている。眠りからさめない空はまだ鉛色におおわれているが、東の空はすでに明るい。朝霧は晴れの印、今日も暑くなる予感がする。

陽が川面に差しはじめる朝のうちだけが釣りになるだろうから、8時頃には上がって遅い朝メシをとって昼寝だ、などと思いながら朝ツユに濡れた草を踏みしだき川原に降りたった。朝の5時であった。

夏ともなればウエイダーでは暑い。この日は鮎用のセパレートタイツと鮎タビという足廻りであった。はじめこそ南アルプスの冷水でヒヤッとするものの、水は肌のぬくもりでほどよく暖められ、冷たさはやがて心地よさに変わっていった。

その日は予想に反して適度にアタリがある日であった。陽が出るまでが勝負と思っていたが、川面に陽が差しはじめ夏の太陽がジリジリと背を、首筋を焼きはじめてもアタリはとぎれることなく続いていた。空には浮かぶ雲もなくギラック夏の光が降り注いでいる。

気がつくとすでに10時を廻っていた。予定なら今ごろは遅い朝メシのはずだがほどよくあるアマゴの出にいささかの眠さを感じながらも、竿を納めるタイミングがつかめないまま毛バリを振り続けていた。

真夏の太陽はすでに中天にさしかかっている。背中には汗がにじみ、額から吹き出た汗は帽子のツバに白いにじみを作り出していた。

22ｃｍほどのアマゴを頭に数匹の釣果であった。十分楽しめた。そろそろ上がりどきだろう。林道に上がり仲間のところに急いだ。仲間はといえば昼寝するもの、メシを食うものそれぞれ昼のひとときを過ごしていた。

ヤレヤレ、と安堵の気持ちと程良い疲れに満足してタイツを下げたときであった。その瞬間の驚きは何と表現したらいいだろうか、まさに時間が止まったような一瞬であった。パンツが真っ赤なのである。一部ではなく、前面が血だらけなのだ。まったく何が起きているのかわからなかった。

アッとパンツに手を入れると、陰毛のジャリッという感触の中になま温かいヌルッという手触りがあった。引き抜いた手の平は血のりで真っ赤であった。

一体、何が起こったか、この瞬間にはまったく理解できなかった。頭が真っ白とはこのことである。

「しまったヒルだ、ヒルにやられた」とわかるまでにしばらく間があった。まさか。鮎タイツを脱ぎ捨てパンツを下げた。やっぱりヒルだ。満腹となったヒルはコロコロ丸まってタイツからころげ落ちた。「このヤロォ」と踏みつぶすと石の上に赤い血がジュッと拡がった。

ともかくどこを吸われたのか、まだ他にないのか点検すべく真っ裸となって調べた。血はまだ流れている様子である。ともかく陰部についた血のりを流し吸われたところを確かめなくてはならない。腰まで水につかり陰部を洗いながすと、血のりは周囲の水をうっすら赤黄色に染めながら流れていった。

吸われたところは玉ではなく、茎のなかほど一ヶ所であった。ちょうど浮き出た静脈をわずかに外れて、まだジュクジュクと血が流れている。

血が止まらないのだ。よく見ると傷口はスパッと切れた状態ではなく、ギザギザの星状に破けている。血が止まらないのはヒルは血を吸うとき血が固まらないように「ヒルディン」という物質を出す、とある本で読んだことがある。まさかそれが現実になるとは。

ギュッと指で押さえてみても一向に止まる気配がない。もっとも心配したのはこんなことして、もしもムクムクとセガレが大きくなったら傷口は更に拡がるのではないかということである。しかし、そこはよくしたもの、事がことだけにその事態にはいたらなかったのである。

仕方がない。こうなったらパンツを裂いて巻き付ける以外ない。破ったパンツで傷口を固くしばった。それでも鉢巻きには血が滲んできた。上からみると、いかにも海藻の中のイイダコが鉢巻きしたような姿である。我ながらおかしいような情けないような。

なにせ真っ昼間に真っ裸になって陰部をいじっているのだから、恥ずかしくて隠れてしたつもりだが、運悪く橋の上から仲間の一人に見られていたようだ。

「オイオイ、先生が真っ裸であそこをいじっていたゾ」

「えぇ？　まさか、先生が……」

「そんな人とは知らなかったゾナ。付き合い方を考えなきゃいかんゾナモシ」と、噂になっていたらしい。

鉢巻きイイダコの上にズボンをはいて何気ない様子で仲間のところに戻ったが私を見る目つきがおかしいのだ。仲間の一人が「何かあったの」と声を掛けてきたことから事態はすでに知られていることがわかったので正直に話した。

爆笑、にやにや、同情いりまじった時間が流れた。血が止まらないことを言うとタバコの葉が効くという。さっそくタバコを貰ってバンドエイドに包んでクルリと巻いた。これで血も止まるだろう。タバコはダンヒルだったというのは冗談だけど。

ヒルに吸われたとき、ヒルがまだ吸い付いているようなら、タバコの火を押しつければポロリと落ちるという。無理にはがそうとすると傷口が大きくなるそうである。血止めにはタバコがいいと言うのは、タバコに含まれるニコチンが血管を収縮させる働きによるのではなかろうか。昔からの知恵がここで役だった。

さて、その夜静かにバンドエイドをはがすと傷口はすっかりふさがり、小さなカサブタとなっていた。１週間もたたずに跡形もなく消えていき、真昼のチン事も一件落着となった。

それにしても一体、どこから入ったのだろうか。チン事に気をとられてその時は気づかなかったが、この日もう一ヶ所吸われていた。左足くるぶしの上、鮎タビとタイツの境目である。おそらく通りかかったとき、葉裏にいたヒルの何匹かがここにとりついたのだろう。何匹かは振り落とされたが、２匹がタイツと鮎タビの隙間から潜り込みに成功し、うち１匹は早々に足首に吸い付いた。

ところが1匹はさらにオイシイところを求めてヒルヒルとはい上がった先に柔らかいところがあったので、ここぞと吸い付いたに違いない。この間、吸われている痛みも、這っている感覚も全然なかった。

ヒルは暗くてジトッとしてしかも柔らかいところを好むという。たしかにあそこは暗い。念入りに暗い。そして柔らかい。夏のムレたタイツの中ではじっとり湿って柔らかい。

ときどき固くなることなどヒルは知るよしもなく吸い続けたに違いない。柔らかいと思われ、ナメられたことで私の自尊心は傷つけられた。ナメるならいっそのことヒルではなく、もっと別なものにナメてほしかった。

ヒルというと田圃の中にいるヒルを思い浮かべる。私たちの小さい頃は田圃の中に素足で入るとふくらはぎや足首にくっついてきたものである。機械化の進んだ今ではそんなこともなくなってしまっただろう。

山にもヒルがいる。釣り人が吸われるのは２ｃｍあるかなしかの山ビルである。全然いない渓とびっしりという渓がある。岩の隙間や葉裏で首を上げながらユラユラしている姿は不気味である。梅雨から禁漁期までが活動シーズンである。遠山川でも秋のアケビの季節、「ワーイ、アケビだ」と、うかつにツルを引こうものなら上からパラパラと落ちてくるから要注意である。このあたりではブッシュに入ったら体についていないかお互いの確認は欠かせない。

ヘビ、ヒル、アブ。アマゴやイワナたちの三大守護神である。出合いたくないが避けても通れない。本格的なヒルの季節を前にチン事の再来だけは願い下げにしてほしいものである。

マムシとツチノコ

マムシは本土最強の毒蛇である。沖縄にはハブ親分がいるので大きな顔はできないが、なんたって本土では恐いものなしで、肩で風切ってまむしくねりして歩く。自分に毒があるのを知っているのだろう。他のヘビならスゴスゴと隠れるように姿を消すところを「ヘン！　捕まえてみろってんだ。毒をかますぞ」とノッタリノッタリくねる姿はふてぶてしい。

ある夏の石徹白川。あまり暑さに水浴びに行こうとしていたようで、水辺に向かってノッタリくねっていたマムシがいた。他のヘビのくねりはシュシュッとして小さいのに、マムシは大げさにヘアピンカーブのようにくねって進む。

「おい！　どこへ行くんだ」と砂をかけたら、

「ウッセー。野郎やるか。掛かって来い」

突然トグロを巻いた。プッツンと切れたようだ。気の短い奴だ。第一、目つきが悪い。よく見ると目にはヤンキーの掛けるようなサングラスをしている。こいつにはかかわらない方がいいと私は一瞬たじろいだ。とっさに

「まぁまぁ、今日のところは赦してやるから」と言った。

「ケッ、世話焼かせるんじゃない」と言って（ような気がしただけだが）、またノッタリくねってどこかに消えた。

「クヤシイ。尾鷲のタッ、竹、竹株さんを呼んでやる。竹株さんならお前なんかとっくに皮をむかれてるぞ」とまむしの消えたあたりに向かって言ってやった。ああ、すっきりした。

赤まむしドリンクはつい最近まで日本のお父さんの強い味方だった。プラットホームでグビッと一口飲んで減り具合を確かめつつ、ラベルのマムシの絵をじっと眺めながら「頼むぞ」とつぶやくお父さんを見かけたものである。

つい最近までと言うのは、この種のドリンクが巷にあふれ、その陰に隠れていささか存在が忘れられているように思うからである。

日本人はその毒ゆえにか、マムシに特別なパワーを感じるようだ。私が小学生の頃、学校近くの道路ばたに、ときどきマムシ屋が店を出していた。その場所はいろいろな大道商人が店を出すところで子どもにとってワンダーランドである。

マムシ屋はいくつかの金網にマムシを入れて、これが赤マムシ、これが黒マムシと首根っこをつまんでは子どもの前にヌッと差し出す。その都度、わぁ、キャーという喚声があがる。親に伝わることを計算に入れた子ども相手のパフォーマンスである。売りものは粉末にしたマムシの粉である。

はるか昔、テレビで「私の特技は何でしょう」のような番組があった。もちろんモノクロテレビの時代である。それは北海道から来たお爺さんの特技であった。マムシ捕り名人だった。何とスタジオでマムシを掴んであっという間にビリビリと皮をむいて腹を裂き、卵を口に放り込んだのだ。

もうスタジオは絶叫の嵐である。今ならテレビ局に抗議が殺到して、編集局長の首も危うい内容である。そしてそのお爺さん曰く「歳は72歳です。私はこれで毎晩です」その意味がわかったから中学生の頃だったと思う。マムシって凄いという記憶が残った。

大学に入るとき、オフクロが「お前は世が世なら菓子屋のせがれではない。徳川家のナンタラで、育ちがいいゆえに病弱である。それゆえこれまで箸より重いものを持たせたことはなかった」と言って、疲れたときに効くからと缶に入ったマムシの粉を持たせてくれた。

高価だったと思う。香ばしいというより生臭い味のする粉である。しばらく真面目に飲んでいたが、田舎の高校生が東京に出て新たなワンダーランドを知った頃からマムシどころではなくなった。鼻血の出るような大学生にとくに効いたようにも思えなかった。

根強いマムシ信仰ゆえに、マムシ毛バリにパワーを感じるようだ。マムシ毛バリは最強毛バリとして信奉者が多い。毛バリをジッと見つめて「頼むぞ」なんてつぶやいている人がいたら、マムシ毛バリと思って間違いない。

マムシ毛バリで有名なのは郡上白鳥の平田釣具店の毛バリである。1本1000円。おそらく日本で最も高価な毛バリだろう。肝心の釣果の方であるが、平田さん曰く「手の込んだ毛バリだと人はよく釣れる」ようなので、察しがつこうというものである。その本人はヘビが大嫌い。でも抜け殻だから大丈夫とのこと。

マムシ毛バリよりツチノコ毛バリの方がご利益があるかもしれない。ツチノコ。古くて新しい日本に残された最後のロマン。その皮で巻いたツチノコ毛バリ。

そもそもツチノコはいるのだろうか。私はその存在を信じたい一人である。古事記にも日本書紀にも載っているツチノコである。ツチノコの語源とされる槌《つち》の形状、その寸法からゴハッスン（五寸、八寸）など各地に無数にある呼び名をみても、餌を飲込んだヘビの誤認であるとはとても思えない。

テンカラ仲間でツチノコを見た人がいる。豊田市の足助に近い自宅の畑で母親と一緒に見たという。あれは絶対にツチノコだと。その人は信頼のおける人で、ウソを言う人ではないので本当だと思っている。

実際、ツチノコは豊田市の近辺では稲武町の城ケ山を守る会から捕獲懸賞金として300万円のおたずねものとなったことがある。見た人がいたからに違いない。

ずっと以前、兵庫県千種町からは、な、なんと2億円の懸賞金がかかっていた。2億円は、いるはずないからかけた金額なのか。あるいはそれだけの価値があるとして町あげてのラブコールかもしれない。懸賞金ポスターのツチノコの絵はたとえ見つけても手が出そうもない恐ろしい代物であった。ジャンボ宝くじに外れた人は運だめしに千種町でツチノコを探したらどうだろうか。

遠い雷鳴

８月末のその朝は肌にべったりしみつく湿気を帯びていた。東の窓から差し込む陽射しはいつもの起きる時間がとうに過ぎているのを告げていたが、あわてることはない。今日は休みだ。それも夜はテント泊である。

仲間たちと落ち合ったのは午後１時を少しまわっていた。夏の終わりのどんよりした午後だったが、雨の降る気配はなかった。今回のメンバーは４名。いずれも気心の知れた仲間である。行き先は通いなれた尾上郷である。

東名高速は順調に流れ、まもなく東海北陸道の分岐にさしかかろうとしていた。西から北に進路をとったころ、はるか遠くで稲光がして、しばらくたってドンというかすかな雷鳴が聞こえた。

「今、光りましたね」

やはり気にしていたのだろうか運転しているＫさんが言った。

「尾上の方じゃないから大丈夫だよ」

根拠もなくあてずっぽうに私は言った。北に上がるにつれ、空の暗さがしだいに増してきた。この様子ならもしかすると尾上郷も雨かもしれないと思ったのは美濃をすぎた頃であった。ポツリ、ポツリと雨がフロントガラスに落ちはじめ、まもなくワイパーは間歇的に雨をはじき出した。

郡上の町並を一望するトンネルを抜けたとたん、突然のどしゃ降りとなった。急ブレーキがかかりワイパーはハイとなったが、とてもはける雨ではない。洗車機の中にいるような視界となり、ルーフを叩く雨音と、タイヤがはじく音で大きな声を出さなければ聞こえないようになった。猛スピードで追い越した車からバシャーンとフロントガラスに水がかかり、全員そろってまばたきした。

目の前でフラッシュをたいたと同時にドーンという衝撃がして、かすかに身体がゆれたように感じた。また激しく光った。視界はほとんどなかった。眼下は郡上の町のはずだが町は雷雲の下にあった。

車はソロソロと走っていた。さしもの雨も小ぶりとなり、ほっと安堵の空気が車内に流れたのは大和にさしかかるころであった。

「尾上はどうだろうか」

Ａさんが言った。気持ちは同じとみて、皆一斉に尾上の方向に顔を向けた。

「向こうは明るいから大丈夫じゃない」

また何の根拠もなく私は言った。根拠はないがそれは期待と願望であった。尾上郷の林道は今まで雨が降っていたことを教えるかのように、ところどころにあるわだちには雨水がたっぷりたまっていたが、林道から見える渓流は澄んで平水のように思えた。

「いいかもしれないね」

誰かが言ったその一言はいやが上にも期待に火をつけたようだ。雨上がり、曇天、活性。はじけるように車から降り、釣り支度をはじめたのだった。

手をかざした。雨は上がっている。上流の山をみた。山は明るい。大丈夫だろうが、念のために雨支度だけはしておこう。2人づつになり4人は上流と下流に分かれた。

Kさんと杉林の中に入っていった。杉林を分け入り、かすかな踏み後をたどると枯沢に出る。ここは数少ない降り口の一つである。積み重なった杉の葉でふかふかの絨毯のような杉林である。踏みしめるたびに押された水がジュンと染み出てきた。

枯沢には水が流れていた。苔むした石が久々の水をたっぷり吸って、孔雀胴のようにつややかな緑をしていた。私の心ははずんでいた。通いなれた沢すじだが、今日はいつにも増して新鮮に思え、転がるようにして河原に降り立った。背後でガラガラと石が落ちた。

沢すじを降りると小ぶりな淵に出る。ここから釣り出すのが定番である。その淵は仕切りとなっている車ほどある岩が2つの流れをつくり、それぞれの白泡が合わさるあたりが格好のポイントとなっている。しかし夕マズメ以外にはこれといった実績のないところである。本命は仕切り岩の向こうの落ち込み、と言わずもがなの説明をしてKさんに振ってもらった。

いつもなら1つや2つの小さなライズがあり、ライズを狙えば毛バリを追うアマゴの姿が見えるが、この日に限って気配がない。なんとなく水面が硬い。魚も緊張して硬くなっている、そんな気配がする。

「まぁ、ここはいつものことだから。先を行きましょう」

その言葉を待っていたかのようにKさんは振るのを止めた。更に2人は釣り上がっていった。しかしである。いつもならアマゴの顔を見る淵でもまったく姿を見せない。大石のエグレでは決まってイワナが遊んでくれるが、水面が破れることなく毛バリは流れた。

Kさんと目があった。目が合うなりお互い左右に首を軽く振った。もう1時間余り振っているがお互いまったく魚の姿を見ない。どうしたんだろう。雨上がり、曇天、活性、そんなキーワードが再び頭をよぎった。

Kさんは右岸のぶっつけのある小さな淵の岩盤ぎわを狙っている。小さなゴミが毛バリの後先を流れている。私は背後をゆっくり歩いて上流の瀬を渡り始めた。ちょうど中ほどに差し掛かったころである。ゴミが増えている。うっすら水が濁っている。何だ！

上流を見た。瀬の石を乗り越えて、ザワザワと盛り上がるように水が迫ってくる。鉄砲水だ。

「Kさーん！　水だ！　水！　早く向こうへ渡って」

私はありったけの声で叫び、大きく右岸に向かって手を振った。事態の急変にすでに気がついていたKさんも瀬を渡りかけていた。目があった。目で軽く合図を返した。いつもなら膝下の瀬はすでにふとももまで水が来ていた。

2人は渡り終えると右岸のガケ下に寄り、前後して上流に向かった。ここから200メートル先に一ヶ所だけ上り口がある。ガケに沿うようにして歩いた。

普段ここは水面から背丈ほど高い広い河原になっているところだが上流から水が幾筋もの流れとなって、河原のすべてを覆い隠そうとしている。小さい潅木の間をジワジワ流れてくる。水を踏みつけるようにして歩を早めた。

下流に向かったAさんたちのことが何度も頭をよぎった。2人は一度だけ立ち止まり瀬を振り返った。さっき渡った瀬は、岩を乗り越える茶色の荒瀬となってドドッーと流れていた。

2人のホッとした吐息が渓に流れたのは上り口にとりついたときである。もし、狭隘な谷底だったら流されていただろう。たまたま広河原にいた幸運に感謝した。

水の流れを先回りするように早足で林道を下った。その間、下流の2人の最悪の事態が頭をかすめた。やがて夕マズメで薄青いシルエットとなった2人の姿が見えた。幸いにして、我々より更に広く高い河原にいたようで急な出水も無事かわした後であった。伸び上がるようにして林道から大きく手を振った。

さしもの出水も水は高いもののすでにクリアな水色にもどっていた。2人が瀬を渡り、合流できたのはそれから1時間後であった。

夕マズメの空が一瞬明るくなり、間をおいてドンと小さな雷鳴がした。それは我々の無事を祝う花火のように聞こえた。魚が顔を出さなかったのは出水を予知していたのだろうか。そんなことを思う余裕が出たのはその夜のテントの中であった。

第6章　健康

加齢なる

はるか以前、キムタクと北大路欣也の「華麗なる一族」のＴＶ番組があった。華麗なる一族だって加齢には勝てない。人間だれしも加齢とともにケガをしたり病気になる。自分の加齢なる遍歴を振り返ってみた。

生後３ヶ月　鼠径ヘルニア

いわゆる脱腸。オフクロの話ではおんぶすると激しく泣くので医者に見せたらヘルニア。この子はもう助からないと言われたそうだが奇跡的に生き延びた。

すぐ上の兄からダッチョ、ダッチョとからかわれたが、なんのことかわからず。子どもの頃は腹が出ているので鼠径の手術痕に気がつかなかったが、腹がへこんでから魚の骨のような長いキズに気がつく。

オフクロに言ったら、実はお前はね……。オフクロは不死男《ふじお》と名前を変えようと役場に行ったそうだがダメだったそうだ（ウソ）以来、運のみで生きてきた。

17歳　大痔主　10日間入院

昔の痔の手術なので入院も長かった。高校３年生で毛を剃られ、尻を見せるという恥ずかしさは体験したものでないとわからないだろう。若い看護師が入れ替わりで見にくるのだ。この歳で体験すると恥ずかしいという気持ちはなくなって、逆に見せたいという変態的な心境になる（ウソ）名前を伊保次《いぼじ》と変えようかと思った。今の手術は簡単らしい。

30歳　椎間板ヘルニアで３週間入院

歩くのもままならず、生まれた子どもも抱けない痛みでとうとう入院。仰向きで８ｋｇのウエイトをつけて24時間牽引を21日間であった。

ある日、ウエイトを床に落としてしまった。階下は産婦人科。ドスンという衝撃で赤ちゃんが生まれてしまったとのこと（ウソ）落としたことを注意されたのは本当。

めずらしいヘルニアだったようで医者たちは背中ではなく腹から腰の手術をしたかったようだ。真面目に牽引して逃げるようにして退院した。

32歳　扁桃腺切除で1週間

先生「どこが悪いのですか？」

私「………」

先生「わかりました。返答せんですね」

今の手術法は知らないが、そのときは扁桃腺を挟んでギリギリ、バチンと切除した。その音が今でも耳に残る。私は両方同時にやってしまったが、1つとったときに気を失った男がいたそうで、傷が回復してからもう片方をとるとのこと。待つ間の心境はいかばかりか。

43歳　大事なところをヒルに吸われる

真っ昼間に大事なところをヒルに吸われる「真ヒルのチン事」がおきる。

53歳　落石で腕の骨2本骨折　20針縫合　12日入院

いやはやその痛かったこと。奇跡的に頭に当たらず生還した。血圧低下による失神寸前、脳内エンドルフィンで痛みを感じないなど貴重な体験をする。そのとき以来、フェニックス石垣と呼ぶようになった。

1ヶ月後、看護師さんがギブスを切った。経過をみるために毛深ければ剃らなければならないので確かめるそうだ。それを聞いたのは切った後である。毛深いか確かめるなら、もう片方の腕を見ればわかるでしょう。可愛い看護師さんだったので、オバカね、とやさしく言ってあげた。

54歳　腕のプレート抜去で４日間

１年後に抜く。プレートはチタン製だそうで１本３万円とのこと。もちろん貰って来た。２本で６万円。金に困ったら売ろうと思う。

62歳　腰のすべり分離症で１週間

かねてよりの腰痛が悪化。内視鏡下での手術。執刀医がみたことがないというグチャグチャの珍しい分離症だったそうである。骨の一部を切って、取った骨を椎間板に挟んで骨をつなげてしまい、２本のプレートと４本のボルトで骨を固定する３時間余りの手術。翌日には歩いて４日後に退院。以降、コルセットでフランス人形を２ヶ月。

66歳　下肢静脈瘤で日帰り

30年も連れ添った下肢静脈瘤を抜き取る手術である。右脚の鼠径部を切って、そこから静脈をグリグリ引きぬく。以前は切開していたようだが今は抜くようだ。さらに進化した手術法もあるらしい。トマトケチャップのスパゲティーのような静脈がとれたらしいが、さすがに先生は見せてくれなかった。日帰りなのはありがたい。

67歳　冠状動脈で1泊2日

人間ドックで調べたら心臓の冠状動脈が狭窄しているとのこと。カテーテルを入れたら冠状動脈の形状に華麗なる一族だけにみられる変形があり、CTが変形を狭窄と判断したようで異常なし。ただし、気が小さいので心臓が小さいこと、それゆえ毛が生えていないこともわかった（ウソ）

76歳　右手首2本骨折

講習中、受講者の狙うポイントのすぐ上に木があった。木に掛けるのではないかと気に掛けていたら、木に掛けた。

どこ、どこ？　木を見ながら1歩踏み出したとき浮き石を踏んでしまい、受け身をする間もなく右手首をついてしまった。痛い！　やってしまった。ひょっとして骨折？

翌日はつり人社の取材だった。ガチガチに手首を固定して取材先に行く。新人にテンカラを教える役なので竿は振らなくてもいいと思っていた。ところが竿を振ってくれと鬼の編集長。やめてくれ。
10分だけ振って２匹。振るときは激痛。しかしヒットすると嬉しくて痛さを感じない。こんなときでも釣れれば嬉しい。つくづくテンカラが好き。
翌日、整形外科に行く。「２本折れてます。ヒビは日々よくなるでしょう。骨骨治してください」。１年たっても完治していない。竿を振らなければ治ったはずだが。

77歳　左耳耳管開放症

自分の声がガンガン聞こえ、スターウォーズのダースベイダーのようにズーッ、ズーッする呼吸音が聞こえる。高貴（後期）な人がなるようだ。ときどき天からの声が聞こえる。テンカラの声が聞こえるようになると重症だそうである。

１００歳　長命は幸せか

長命の家系である。オフクロは１００歳。オフクロの兄弟、親父の兄弟たちも90歳を超えていた。このままだと長生きしてしまうかもしれない。テンカラができなくなった。あぁ、あの人もこの人も逝ってしまった。テンカラ仲間をみんな送ってから逝くのかもしれない。そのとき私を知る人は誰もいない。これってはたして幸せなのかと思う。

減量は0・7食で

シーズンを前にしたある年の2月、バカ食いしたことがあった。苦しい。これではいけない。シーズンが近いし92ｋｇでは渓流を歩けない。減量しようかな、ではなく減量する、と強く決心した。その日から0・7食にした。なんと4ヶ月で11ｋｇ減量したのですっかりホッソリした。

以前を知る人から

「どうしたんですか？　ガンですか？」

と聞かれた。

「そうです。胃ガンです。それで退職しました。胃ガン退職です」

当然、身体が軽く、渓流を歩いても疲れが少ない。歩くのも速くなり息が切れない。バカ飯をやめ、すべての食事、お菓子など口に入れるものすべて7割にしただけである。この4ヶ月の間、ゲフッ、食った食ったということは一度もなかった。炭水化物を食べない、1日1食、1日絶食などの極端な方法ではない。3食バランスよくとり0・7食にしただけである。

水だけなら誰でも痩せる。だから食事の量を減らせば減量するのは道理である。しかし、好きなものを一杯食べながら、飲みながら減量したい。だから痩せる食べ物、腹もみもみ、ツボなどあの手この手の減量法が次々に出る。

腹一杯食べないことに尽きると思う。何かを得るには何かを捨てなければならない。ビールを飲みたい、肉もご飯も一杯食べて痩せたいは無理。

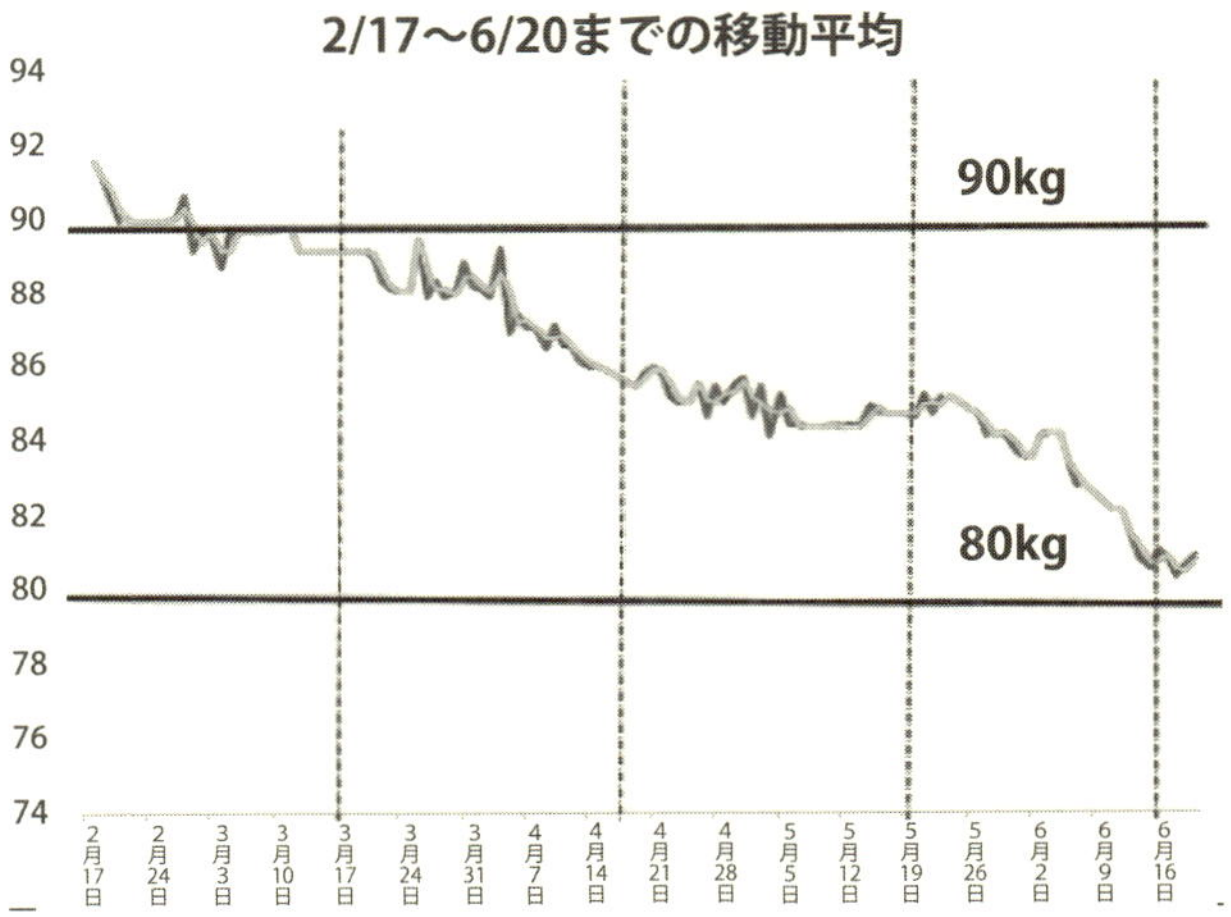

過去、意識的に10kg減量を2回やったことがある。自分の身体がどのように減量していくか調べたかったからだ。見事にリバウンドした。そのときは0・5食である。最初の3日間で1kg減る極端な方法だったので、いつも腹減った！　何か食べたい！　腹が減ったときはカロリーゼロの食品を食べていた。

つまり、食べたいけれど減量しなければという葛藤があり、ノーカロリーで腹の膨れるもので満たしていた。10kg目標達成である。さぁ食うぞと食い出したのであっという間にリバウンドである。

0・7食では最初の1ヶ月でわずか2kg減っただけある。このため「腹減った感」がない。毎日続けると7割の量で満足できるようになった。満腹ではないが十分満足。体重は徐々に徐々に減っていった。

おそらく最初の1ヶ月のゆっくりした減らし方が減量のキモなのだろう。減らないじゃないかと諦めては元の木阿弥である。1ヶ月の助走が終ると加速的に減っていった。今では以前のように腹一杯、ゲフッとなるまで食べたいと思わなくなった。リバウンドもしていない。

以前はまわりが驚くような大食いだった。駒ヶ根のソースカツ丼のときは、仲間から「並でも多いからやめろ」と言われたが大盛りをペロリである。スマホより大きく厚い肉が7枚である。ドンブリは茶色い鉄カブト。この機会が2回あり、2回とも完食した。

最後の大食いはある食堂でテンカラ専用区の打ち合わせのときである。メンバーは全員酒を飲んでいる。飲めない私はその間に超大盛り鹿肉カレーをペロリ。ご飯の量が半端ない。30分後、酒を飲み終わった後、全員カレーを食べるという。

それなら私もとお付き合いして大盛りをペロリ。超大盛り＋大盛りである。おそらく今でも食べることができると思う。それだけのキャパがある。

酒をやめたい、タバコをやめたい。私からすれば「やめる」という意志一つである。酒やタバコはストレス解消になるんだよね、ストレスで腹一杯食べちゃうんだ、とやめられない言い訳を言っている間は絶対にやめられない。

減量も同じである。腹一杯食べて飲んでいるのに、なにか痩せる食べ物はないか、腹をもみもみしたら痩せるかもと思っている間は痩せるのは無理である。

腰痛のデパート

腰痛で悩む人は多い。私は若い頃からずっと腰の痛みを抱えてきた。犬や猫は腰が痛いと言わないから腰は痛くないのだろう。腰痛は直立二足歩行する人間の宿命である。

この原因は若い頃のバレーボールにある。中学、高校、大学でバレーボールをやり、社会人のクラブチームで３年。都合13年間ひたすらバレーボールである。高校では県のベスト４、大学では大学選手権ベスト８どまりであったが、パスとジャンプの競技と言われるバレーボールをずっと続けてきた影響は免れない。

とくに大学時代はひたすらバレーボールの練習に明け暮れた。週６日ハードな練習があり、１日の休みは高校生のバレーボールのコーチのアルバイトである。身体を休めることがなかった。

当時、スポーツ中は水を飲むな、うさぎ跳びが足腰を鍛える、肩を冷やすなど、今ではしてはいけないことが当たり前のように行われていた。スポーツ科学が発達していなかったからだ。ケアという考えもなかった。肩や腰を酷使してもどのように回復させるか誰も知らない。練習が終われば適当に体操をするだけである。肩は消耗品、使えば使うほど消耗するという知識は最近のことである。

大学チームのレベルは高く、全国から優秀な選手が集まる。当時の私の身長１８０ｃｍでもバレーボール選手では小柄である。このためジャンプ力を鍛えることで補うほかはない。激しいジャンプトレーニングを繰り返した。その結果、ウエスト78ｃｍなのに、脚の太ももがそれぞれ62ｃｍという競輪選手のような脚になり、おかげで高く跳べるようになった。滞空時間が長くなり一瞬、空中に浮いている感覚があった。

そのぶんダメージも大きい。バレーボールのスパイクはジャンプしながら野球のピッチングをするようなものである。肩と腰、着地したときに膝に強い負担がかかる。

腰には体重の10倍の加重がかかると言われる。当時の体重70ｋｇだから1回のジャンプで700ｋｇ（0・7ｔ）である。これを多い日で200回繰り返す。なんと140ｔである。これを来る日も来る日も繰り返し、ろくなケアもしないのだから身体が壊れるのも無理はない。

早くも大学1年生で激しいギックリ腰をやった。朝、顔を洗い、腰を反らした瞬間にギグゥ……。あわわァ。あまりの痛さに声が出ない。横にいた先輩に手まねで腰が痛いことを告げる。

「どうした？　ガキッチャがおかしい」

たちまち大勢集まり、わっさわっさと部屋へ運ばれる。痛みで動くことができないので往診に来てもらい痛み止めの注射でとりあえずの痛みをとる。3日間、トイレに行くにも這っていく始末である。

これが最初で、以降、何度もギックリ腰を繰り返すことになる。電車の中、吊り革につかまっていて電車がグラグラしたことでギクッ。椅子に座っているとき名前を呼ばれたので、うん？と振り向いただけでギクッ。冷蔵庫を開けて冷気でクシャミした瞬間にギクッ。あげればきりがない。

学生時代は「動く筋肉標本」と呼ばれる筋肉の鎧でカバーしていたが、筋肉が弱くなれば腰が痛くなるに違いないという予感はあった。

しかし競技スポーツに熱中すると将来、障害が出るかもしれないが、それより明日の勝利をめざす。勝つためには痛みなど何だ、根性で頑張ればできるという時代である。

案の定、30歳を超えて最初に痛みが出たのが第4腰椎の脊椎分離症である。おそらくバレーボールが原因で骨折したのだろう。それまで筋肉で固めていたので痛みが出なかったのだ。

骨折しているのだから腰椎が安定しない。次に来たのが椎間板ヘルニアである。第4‐第5腰椎のヘルニアである。強い痛みあり、それにもまして足が痺れる。臀部から太ももの裏側、足先まで痺れる。痺れは痛みより始末が悪い。痛いのには慣れてしまうが痺れは休みなし。気をまぎらすことができない。

あるときギックリ腰で身体が左に曲がったままで2ヶ月。帰省した折、オフクロに腰が痛いことを言うと「お灸だ」。さすがに明治生まれである。オフクロは背中にも足にもお灸のあとだらけである。それも1円玉はあるかというものまである。明治の女は強い。

不思議なことに腰のお灸で翌日にはまったく痛みがないのだ。あんなに傾いていた身体がまっすぐ立てる。母の愛が効いたわけではないが、お灸ってすごい。

何度もギックリ腰をやった。その都度、お灸をしてとりあえず痛みを軽くする。何度もお灸をしたので腰はお灸の痕で月のクレーターのようになる。普通の腰痛ベルトでは弱いのでスポーツ選手用のガッチリしたものを使うようになる。

根本的な分離やヘルニアが治るわけではないのであくまで痛みをとるだけで、やがて腰は重症化することになる。

60を超える頃から太ももの前面が痺れるようになってきた。これはひょっとして脊柱管狭窄症？　次第に痺れは強くなりいわゆる電柱1本分になる。歩けるのは電柱と電柱のおおむね50mである。50m歩くと足が痺れて歩けない。腰をかがめて休むと痺れがとれるので再び歩けるようになる。

典型的な脊柱管狭窄症の症状である。テンカラをしているときもだましだましである。痛いと言えば同行している仲間に気を遣わせることになるので口に出さないようにした。

あまりに痺れるので背骨専門の病院に行く。脊椎分離が原因で第4腰椎が腹側にすべり出していて、このため脊柱管が狭窄し神経を圧迫しているとのこと。

第4‐第5の間に脊椎分離、椎間板ヘルニア、すべり症、脊椎管狭窄が起きているようだ。つまり腰痛の原因が揃った腰痛のデパートなのだ。これはこの病院では重度に分類されている。

「手術しかないでしょう」という宣告で何をしてもダメと納得してお願いしますと即返である。

手術は全身麻酔である。麻酔が効いて意識がなくなるとき、意識はどうなるのか興味があった。日々寝るとき、「あぁ、眠る……」やがていつのまにか寝ているが、麻酔の場合はそれとは違うのか確かめようと内心、手術が楽しみだった。

さあ、いよいよ手術だ。少しワクワクする。医師が麻酔を注入する。

「今、入れましたよ」

「はい」

「お名前は?」

「石垣です」

「どこに住んでますか?」

「豊田市です」

「豊田なら香嵐渓《こうらんけい》に行きますか」

「はい、行きまぁ………」

行きま、までは自分の声は聞こえていたが、声が次第に小さくなり、やがて……無。

この間、10秒だったか20秒だったかわからない。眠りに落ちるときとは違う感覚であった。眠りに落ちるときは、あぁ寝ると思った後、いつの間にか寝ている。しかし喋りつづけているなら眠れないはずだが、麻酔では喋ろうとしても言葉が出ないのと、言葉がフェードアウトしていく感覚になり、眠りに落ちるのとは違うように感じた。どうでもいいことだが私には新鮮な体験だった。

手術は3時間で終わる。麻酔から醒めるとき自分が何を言うか、あらぬことを言うのではないかと心配していた。というのは、以前、甥が腎臓結石で腹を切った。

麻酔から醒めるとき「オーイ、1年生、水持って来い」と病室にこだますような大きな声で言うのだ。当時、甥は大学3年生で強豪校のラグビー選手である。おそらく脳震盪を起こした選手がいて、1年生に頭にかける水を持ってこいと指示する夢を見ていたのだろう。

そんな経験があるので麻酔から醒めるとき、あらぬことを言って家内に聞かれるのではないかと心配だった。昔の彼女の名前を呼ぶのでは。幸い、口走ることなく、ひたすら痛い、痛いと言っていたらしくホッとする。

手術から1日後には歩けるようになり、4日後には退院できた。その後は次第に回復し、4月からはテンカラも再開できた。脚の痺れはまったくない。ときどきの腰の痛みは痛み止めでしのぐ。

5本ある腰の骨が5-4-3と1本の棒のようになって関節がないので腰の柔軟性がなくなる。あぐらをかくことができなくなった。後ろにひっくり返るのだ。身体が硬くなるとあぐらもかけなくなる。

残念ながらテニスができなくなった。錦織と対戦してコテンパンにやられた日がなつかしい。もう相撲もできない。貴乃花との勝負は五分五分だった。ウソばっかり。できることは制限されたが、テンカラができるならよしとしよう。

火葬で灰になってもプレートは残る。プレートはチタン製で高価なようだ。プレートをめぐって子どもたちの間で争いがおきる。これを骨肉の争いと言う。

下戸だって飲みたい

私は下戸である。コンプリート下戸である。実に弱い。ある日ウドンを食べたらなんだかおかしい。顔が赤く火照るし、心臓があおる。

おかしいぞ。さては家内が毒でも入れたか。なんのことはない。そのウドンには酒粕を練りこんであるのだそうだ。そのウドンで顔が赤くなるのだから、つくづく酒に弱い。飲める人がうらやましい。

私のような下戸はビール１杯で七転八倒の苦しみを味わう。まさかと思うかもしれないが、まさかり担いだ金太郎なのだ。たった１杯のビールで顔が「金時の火事見舞い」のように真っ赤になる。金時、つまり金太郎の顔は真っ赤である。その顔で火の燃えさかる火事場に行くのだから、それくらい顔が真っ赤という例えである。もちろん顔だけでなく全身真っ赤である。

さらに心臓がドキドキ脈打つ。心拍数は１２０拍を超える。軽くランニングしている状態である。だから息がハァハァとあおる。横になると耳からは脈がズギューン、ズギューンとピストルのように聞こえる。

頭が痛い。コメカミが割れるように痛くなる。気分が悪くなり吐きそうである。食べものの味がわからない。耳が遠くなり、声が割れるように聞こえる。1杯のビールでこの状態が2時間続くのである。もう、飲みたくない。早くこの場を逃れたい。こんな状態で誰が飲みたいものか。

最近は酒の強要はなくなった。飲めなければ飲まないでいいと世の中が寛容になってきたからだ。アルコールハラスメント、アルハラもセクハラ同様に知られてきた。下戸にはいい時代になった。もっともこれは大人の話であって、酒の知識がなく、酒に強いことが豪気と誤解している若者にはまだ多い。

酒呑みには酒にまつわる様々なことがあるように、長い人生を生きてきた下戸の私にもある。命に関わることが2つある。一つはあの一言で助かったことだ。

高校3年生で大痔主になった。長崎の普賢岳、はたまた昭和新山の溶岩ドームのように飛び出た痔を大学に行く前に手術した。

若い看護婦さんが摘まんでジョリジョリ。高校生にとってこんな恥ずかしいことはない。手術後も入れ替わり立ち替わり尻を見せるという恥ずかしい10日間の入院である。血まみれの手術だった。

退院のとき、先生からこれからどうする？　と聞かれた。大学に行きます。

「大学に行くと酒を飲むことがあるけれど、絶対に飲んだらダメだよ。縫ったところが裂けたら手のつけようがないからね」

入学してこのことをすぐ体験した。体育会系のガツンガツンの寮だった。３年生が新入生を集め、正座させ、ドンブリ一杯の焼酎を飲みほし、隣に渡すものである。歓迎と称して伝統という名のもとに上級生の威厳と服従を知らしめる愚行、蛮行である。当時はこんなことがあたり前に行われていたのだ。

自分の番になり、手術の後で飲めないことを言った。しゃあない、お前はいいと免除されたが、飲まされた同級生たちは野戦病院状態である。先生のあの一言がなかったら血まみれになって死んだかもしれないと思うと、顔も名前も忘れた先生であるが感謝しかない。

大学に勤めるようになった。歓迎会である。私は飲めないんです。そんな大きな身体して飲めないことはないだろう。うちの娘は高校生だけどいくらでも飲むよ。男なんだから。そんなやり取りが続く。

当時は酒のやりとり、下戸からすれば強要はあたり前だった。酒がうまかろうはずはない。上司のすすめだからいやいやながら飲んだ。ビールだった。「次、スナックに行こう」まだ飲むのか。気分が悪い。早く帰りたい。スナックでオレンジジュースを頼んだ。オレンジジュースが出たまでは憶えているがその後の記憶がないのだ。気がつけばソファで横になっている。頭が痛い。

ここはどこ？　私は誰？　どうやら気を失ってスナックの丸椅子からそのまま床に仰向けに倒れたらしい。ドスンという音で周囲が気がつき、大変だとソファに運ばれたようだ。椅子から仰向けに倒れたのだから落ちた時点で気がつきそうなものだが記憶がない。その後、気分が悪くなり激しく吐いた。打ちどころでは大変なことになっていただろう。

この一件があって以来、こいつに飲ませたら危ないと強要されることはなくなったが、それを知っている人はわずかで、酒の機会があるごとにそんな大きな身体して飲めないことないでしょうと言われつづけた。その都度、ダメなんです、飲めないんです、という時の情けなさとともに、すすめる人の目に光るあざけりと優越を見逃すことはなかった。

酒呑みの醜態を見るにつけ、飲まなければいられないこともあるだろうと同情と憐憫の目でみるが、そんなことは下戸にもあるのだ。それを酒で紛らわそうというのはその人の意志の弱さであると下戸は思うのである。

さまざまなことを考えると下戸でよかった。理性のタガが外れなかったのは幸いである。なによりこういう体質に産んでくれた親への感謝の気持ちがより強くなった。

煙たい話

渓流の澄んだ空気の中、50ｍ離れていてもツーンと来る臭いで、あ！　タバコ吸ったな。なんでこんなところで吸うんだ。空気のいい渓流で吸うからタバコはうまいと言う。まったくタバコを吸う奴につける薬はない。

かく言う私も20歳から27歳までの7年間吸い続けた。最後の頃は10本入りのショートホープを4箱、40本吸っていた。タバコを挟む指はヤニで黄色くなり、歯の裏が黒くなったので、ヤニを落とすというふれこみの歯磨き粉を使っていた。裏だけでなく、やがて表も黒くなった。

タバコを吸いだしたその年、１９６６年には成人男性喫煙率はなんと84％に達していた。男の10人に８人がタバコを吸っていたのである。この時代、男ならタバコを吸うのはあたり前だったのだ。当然のように私もタバコに手を出した。

タバコとの出合いは不快なものだった。好奇心から「ピースの両切り」というきつい、値段の高いタバコを同級生からもらった。当時、学生でピースの両切りを吸う奴には、おお、お前は金持ちだな、というくらい高いタバコだった。彼がライターで火をつけた。

「吸ったら深呼吸しろ」

「ゴホッ、ゴホッ！」

「もう1回深呼吸」

「ゴホッ、ゴホッ！　うぅ」

　2回吸ったところで急に気持ち悪くなる。吐きそうだ。俺、部屋に戻るわ。ところが頭がクラクラして階段を降りられない。なんとか部屋にたどりつき、フトンをひっかぶる。うぅ、気持ち悪い。目をあけると天井がグラグラする。こんな不快な出合いだったにもかかわらず、やがて40本吸うまでになるのだからタバコは悪魔の煙である。

　7年の間に何回止めようしたかわからない。俺、止めたからと言いつつ吸ってる友達を見ると、ごめん1本くれると手を出す情けなさ。元のモク阿弥とはこのことである。モクとはタバコのことである。

　大人なら、いや子どもでも他人が食べているご飯やお菓子を欲しいとは言わないのに、タバコだけは大の大人がタバコをほしいとせがむ。タバコはコミュニケーションツールだから1本くださいと言われた方もウレシイのだ。

　タバコがない。困ったぞ。そうだ、シケモクを吸おう。シケモクは吸ったタバコのことである。灰皿から長めのタバコを取り出しそれを吸う。大の大人が捨てたタバコをまた拾って吸う。なんという意地汚いことか、と今では思うがタバコがないとそこまでするようになる。

しかし、やがて止めるときがきた。家内の腹が大きくなり、あと１ヶ月で生まれるというときである。こんな狭い部屋でタバコの煙を子どもに吸わせることになるのか。止めなくては。止めよう。止めるぞ。止めた！

止めたと決断したものの翌日は日本海に徹夜で釣りに行き、帰りに眠気ざましに３本吸ったのが最後である。このチャンスがなかったら今でも吸い続けたのではないかと思うとゾッとする。

当時の日本の高い喫煙率は軍隊と関係があるようだ。軍隊では兵隊にタバコを配った。兵隊にとっては明日の命を知れぬ身にタバコはつかの間、ホッとするひとときである。

恩賜のタバコがあった。家内の父親が海軍陸戦隊の中国の闘いで功労があったらしく、恩賜のタバコをもらったと見せてくれた。桐の箱に入っていて１本ごとに金の菊の紋章が入っていた。

タバコを止めるのは実に難しい。タバコは嗜好品と言うが好きで吸っているのではなくニコチンに吸わされているからだ。ニコチンと結合すると快感を生じる脳の受容体がありそこから快感物質のドーパミンが出る。

ニコチンは脳に7～10秒で作用する即効性があるので、まさに一服である。スーッと吸ってフゥーとはき出す頃にはニコチンは脳に達する。

私の経験からも、１、２回吸ったり、はいたりする間にホッ！　とするような幸福感のようなものが訪れる。肩がストンと落ち、脱力したような感覚である。いわゆる至福感である。

体内に入ったニコチンは30分から1時間で半減するので身体がニコチンが切れたぞ、補充しろと催促する。これがイライラとなり「今、すぐに吸いたい！」タバコを吸えばこのイライラは解消され、ホッとする至福感が訪れる。

しかしまた30分から1時間すると切れたぞと催促がくるので、またタバコを吸うことになる。つまり、ニコチンを補充するために際限なく吸い続けなければならない。

ニコチンに吸わされているのだ。医学ではニコチン依存症という病気とされている。タバコを吸わない人からみれば、なんで止められないのか不思議に思うだろうが、いったんニコチン依存になると止めるのは難しい。ヘロインやコカインを止めるのと同じくらい難しいと言われる。

私の経験からは一瞬だけタバコは美味い。食事した後、美味いコーヒーを飲みながら火をつける最初の一服は、これだけなら今でも吸いたいと思うほどである。口の中の雑多な味がコーヒーの味に代わり、タバコがさらに口の中をまとめるハーモニーの役割をするからだ。

喫煙者は「俺は大丈夫だから」と思っている、と言うか思いたい。実は怖い。臭いものには蓋を、怖いものには目をつぶり見なかったことにする。タバコはロシアンルーレットである。引き金の先には弾があるかもしれない。

人はさまざまなリスクを抱えて生きている。自分の力ではどうすることもできないリスクもあるが、タバコは自ら超ハイリスクを抱え込むことである。タバコの害は私たちの知識や想像をはるかに超えるものである。

テンカラ仲間もバタバタと肺ガンで亡くなっている。テンカラ界で著名な人も肺ガンだった。タバコが手放せなかった。自分でも肺ガンになるかもしれないという不安をしばしば口にしていた。

私が新車を買って数ヶ月。当然、禁煙車である。そこに乗った人でタバコを吸ったのは後にも先にも彼一人である。すみません禁煙……と言う間もなく吸い出した。仕方ない。

こんなタバコなので喫煙者の寿命は短い。吸わない人に比べて８年寿命が短い。１本吸うと14分、20本で４・８時間寿命が縮まるのだ。吸ったらすぐに死ぬわけではないので、タバコは怖いものとは思わないが確実に死に近づく。

禁煙してタバコを断つしかない。禁煙すると非常に強い吸煙衝動が来る。半年たっても１年たっても来る。吸いたい……冷汗が出たり、呼吸が苦しくなる。夜中に吸っている夢を見ることもある。ともかく辛抱である。これしかない。

断煙の先にはすばらしいことが待っている。テンカラもその一つである。集中力や行動力がまるで違うからだ。渓流を歩いても息が切れない。なにより仲間から嫌われなくなるのが最大のメリットである。

第7章　テンカラを教える

セクハラ師匠、熟女にテンカラを教える

パソコンにメールが入ったのは2月中旬だった。時候の挨拶から始まって突然のメールで失礼なこと、私のホームページからアドレスを知ったことを簡潔に述べたあと、テンカラをはじめたばかりで、昨年、見よう見真似でやってみたが結局1匹も釣れなかった。今年挑戦したいのでぜひ教えてほしい。

ちなみに女性であるという内容である。「女性」というところで私はすっかり舞い上がってしまった。とうとう私にも女性の弟子ができる。男ばかり相手にしてきた暗い経歴に一条の光が。しかも文章からして落ち着いた熟女の雰囲気。もちろんウェルカムメールを即返で送ったことは言うまでもない。

何度かのメール交換の後、初めて会ったのはゴールデンウイークも近い日曜日、岐阜県石徹白川でのことである。ここにはC&R区間があるし、トイレもあるので女性向け。ここなら1匹ぐ

らいは釣れるかもと思ったからである。

待ち合わせの駐車場へ時間をやや遅れてピンクの車が来た。ピンクの車と聞いていたので彼女の車だとすぐにわかった。どんな人だろうか？　降りて来たのは歳の頃は40に届くか大台に乗ったかというまさにアラフォー熟女。髪を後ろでキリリとまとめ、うす化粧したその人はメールから想像したイメージとたがわず「うーん、タイプ！」と思ったのだった。

初対面の挨拶を交わしつつ、すかさず左手に指輪がないのをチェックした。ひょっとして独身？　と期待はさらに膨らんだのである。名前は仮にTさんとしておこう。

Tさん、私があなたの師匠、あなたは弟子になるけどいい？　と訊いてみた。「すべておまかせします」という返事。「すべてをまかせる」の一言で、ますますやる気になった師匠である。

とりあえずキャスティングをみせてもらった。タックルは細いヤワヤワのテンカラ竿に黄色いフライライン、ハリスの先には毛虫のような毛バリをつけたものである。

ラインでペタンペタンと水面を叩いている。師匠はたまらず早くも口を出した。

師匠「そのタックルはミスマッチだね。柔らかい竿と重いラインでは、ラインの重さで竿はブレるし、フッキングは悪いし、そのタックルでは上手くならないよ。メールでフロロカーボンのレベルラインを買ってキャスティング練習するように言っておいたでしょう？」

弟子「ええ。一度、言われたとおりに釣具店でレベルライン下さいといったの。そうしたら店員さんがレベルラインという名前の商品はないって言うので、私、全然わからないから用意していないし、練習もしてきてません。今日は師匠におんぶにダッコで来ました」

いくらでもおんぶにダッコしてあげるけど、と師匠は思ったが、とりあえずこういうこともあろうかと竿とレベルラインを用意しておいた。竿はシマノ渓流テンカラを3・4mにして、レベルラインは4号を3・5m、それにフロロカーボン1号のハリス1mである。毛バリは見やすいように白いハックルの毛バリである。

おきまりのキャスティング練習だが簡単に飛ぶわけがない。まず私が見本を見せてTさんに振ってもらったが、例によって足元にワナワナと落ちるだけである。まっすぐ突っ立ったまま腕は棒のように伸ばしたポーズである。

師匠「その構えはハイルヒットラーの敬礼ポーズか、自由の女神ポーズじゃない。もう少し肘を曲げて竿先でラインを引っ張るような感じで……」

というのだが一向に要領を得ない。じれったくなった師匠、ここぞ役得、待ってましたとばかりに手に手を添えようとしてハッと手が止まった。手袋をしているのだ。

弟子「そう来ると思ったので手袋してきたの。抗セクハラ手袋なの」

と言いつつ師匠をみてニヤッと笑う。うぬ！　師匠の趣味を調べてきたのか。えぇーい、この際ひるんではいけないと、しなくてもいいのに左手で肩を抱き、右手を添えた。手を添えてイィーチ、ニィというリズムで振ってやればそのときだけシュッと飛ぶのだが、手を離すとワナワナとなる。手を添えればできるところはまさに子どもの自転車練習のようである。

師匠「ところで、どうしてテンカラを始めようと思ったの？」

弟子「ええ私の主人が鮎をやるんです。それで私も鮎を始めたんです。鮎をやるまで釣りは全然やったことがありません。鮎だけじゃなくて、いろいろな釣りの本を読んでいるうちにテンカラを知ってなぜか急にやろうかなと思ったんです。師匠の書いた本も何冊か読みました。『科学する毛バリ釣り』は面白かったですね。仕事関係の人がその本を持っていて、パラパラめくったら面白そうなので借りて読んだんです」

本をほめてもらったことはうれしかったが、なんとご主人がいる。結婚していると知って急にクラクラと力が抜け、すぐにでも帰りたくなった師匠であった。Tさんの目がいたずらっぽく笑っていた。ますます私の趣味を知っている。

キャスティング練習で午前中を費やしたがほとんど成果はなかった。女性だからだろうか。それとも天性の才能に恵まれないのか。ともかくまったく進歩がないままキャスティング練習は終わった。

午後の部はとりあえず実釣である。どこに立つか、どこがポイントかを教えるが、テンカラ初日でわかるわけがない。それでもまぐれに1匹でも釣れればという思いからである。

これまでアマゴは写真でみただけで、テンカラのことは何も知らない。だから私が言っていることが全然わからないという。あれほどメールでお願いしておいた予習もしていない。あまりに勉強不足の弟子に師匠は語気を強めて言った。既婚と知って教える気が少し失せたことも影響しているようだ。

師匠「あのねぇ。魚と遊ぼうと思ったら魚のことを少しは知らなくっちゃ。どんな習性があるかとか。せめてアマゴとイワナの違いぐらいは見ただけでわかるようでなければ」

弟子「アマゴとアナゴの違いぐらいはわかるんですが……」

師匠「私はアマゴも好きだけどオナゴの方が好きです。アマゴにも、オナゴの習性にも詳しいけどね」

弟子「アネゴはアマゴの仲間なんですか？」

師匠「アネゴはオナゴのひねたのを言うんだ」

弟子「それではアマゾネスはアマゴのメスのことですか？」

いいかげん面倒になった師匠がそっと目をそらしたとき、対岸の石の前に小さなライズを見つけた。

師匠「そら、今、ライズがあった。見えたでしょう。ちょっとやるから見てて。対岸に石があるでしょう。あそこの下のイワナがライズしたと思うんだ。ちょっと見てて」

と言って、師匠はその石を竿で示してサッと毛バリを振った。待ってましたとイワナが出た。師匠は弟子がその一部始終を見たはずだと思ったが、弟子はアサッテの方を見ている。「釣れたよ！」という声でハッと師匠の方を向いて言った言葉が「これってウグイですか？」

師匠はがっかりして、今、そこでライズがあったから、という経緯を説明したのだが、ライズとは何か、どこがポイントになる石なのか、毛バリはどこに落ちたのか、どこを流れているかなんて全然わからないうちに師匠が釣っていたというのだ。イワナとウグイの区別がつかなければライズもポイントもわからないのは無理もないか。

そんな弟子にも1回だけアタリがあった。大岩のエグレの巻き返しでグルグル廻っていた毛バリをアマゴがくわえたのだ。毛バリを吐き出そうとキリキリ舞いしているアマゴのキラメキが見える。

師匠「そら、そら食ってる。合わせて！」

弟子「え？　え？　どこどこ？」

師匠「早く合わせて、早く」

と大声を出したのだが、わけのわからない弟子が例によってヒットラーポーズで竿をズルスルと上げたのはアマゴがとっくに毛バリを離した後であった。

師匠「今、食ってたのわかったでしょう？」

弟子「えぇ？　今、食ってたんですか？　食えばグイグイ引くんじゃないんですか？　グイグイ引くのがアタリと思ってたんです」

師匠「あのねぇ……」

師匠はそこからアマゴはね、毛バリをくわえたら……という話をひとくさりしたが、わかっているか、いないのか、今イチ反応のない弟子にテンカラを教えることの難しさをつくづく思ったのだった。

C&R区間のポイントを一つ一つ説明しながら遡行していく。途中でちょっと流れのキツイ瀬を渡ることになった。男なら難なく渡れる瀬だがTさんは足が前にすすまない。恐いというのだ。

師匠「大丈夫、私が手を引いて身体を支えてあげるから」

弟子「それが恐いんです」

師匠は強引に手を引いて渡ろうとしたが、どうしても足が前に出ないのだ。さすがにおんぶにダッコは出来ないから、結局瀬を渡れずに一旦道路まで上がってまた降りるハメになった。初めてで、しかも体力のない女性ではハンディになるのはやむをえない。

春のうららかな陽も西に傾いて夕マズメの時合いになった。時合いを見越してちょっと大きめな淵の前に着いた。今日のこの時間なら絶対出るに違いない。案の定、すでに小さなライズが始まっている。

師匠「見たでしょう。あれがライズ。水面や、水面直下の虫を捕食しているんだけど、どんな場所でライズをしているか憶えておくといいよ。ライズする場所は大体一定しているから」

と言ったものの、わかってないだろうという気持ちがよぎったのは言うまでもない。師匠は「ちょっと見てて」と下手から大きな身体をかがめながら射程距離にジリジリにじり寄って、ライズの前１ｍほどに毛バリをポトリと落とした。

師匠「そら来るよ。そら来た！」

アマゴが全身をさらけ出し、飛沫を上げて反転しながら水中に没したのと同時に、ガッという音とともにアマゴが水面でバシャバシャ跳ねた。Ｔさんは「わぁ、掛かった」とおおはしゃぎである。

一日テンカラを振ってみて、どこに毛バリが落ちてどこを流れているか少しわかったようで、バシャッと反転した瞬間がはっきり見えたという。

師匠「あれがアマゴのアタリ。あぁいうアタリばかりではないけどね。出たと思ったらほんの一瞬間を置いて合わせればいいんだ」

とアドバイスする。

師匠は「やってみて」とポイントを譲った。弟子はライズがあった少し上に毛バリを落とそうとしているものの、ともかく毛バリが思うところに飛ばないのだ。何度も毛バリを打ち返しているうちにライズもなくなってしまった。

師匠「ライズがなくなったでしょう。毛バリで叩きすぎたからだね。へんなところに毛バリが落ちるからすっかり警戒したからだと思うよ」

弟子「もうダメなんですか」

師匠「まだまだ。今度は上流に廻って、上流から下流に流してちょっと誘いをかけてやれば出るよ」

と言って、上流から毛バリに誘いを掛けながら釣る方法で1匹掛けた。秘伝まで教える師匠である。

「そらやってごらん」と弟子に場所を譲ったものの、時合いとあって20ｃｍほどのアマゴがピョン、ピョンと出はするが、相変わらずのヒットラー合わせのためか、タイミングが悪いのか出るのに全然掛からないという初心者の誰もが経験する入門1日目の終了時間が来た。

すでにライズは終わっていた。石徹白の集落の灯りが一つ、また一つ。周囲の山々は黒いシルエットに変わっていた。

再びTさんからテンカラを教えてほしいというメールがあったのは9月に入ってからである。夏の間はご主人と鮎をやっていたようだ。鮎がそろそろ終わりなので、テンカラの虫がうずいてきたらしい。

では行きましょうとなったのは長野県の開田高原である。プチビラMTおんたけをベースにすればトイレの心配がないからだ。
　結局、前回から1回もキャスティング練習はしなかったそうである。そのためキャスティングは相変わらずのポーズであるが、多少ラインが飛ぶようになったこと、自分でポイントを探して積極的に毛バリを打っていく点で前回に比べて進歩が感じられた。
　今日はひょっとして釣るような予感がした。2回目とあって余裕が出たTさんは師匠と自分の毛バリの違いに気づいたようだ。
弟子「師匠の毛バリは黒ですが、どうして私のは白なんですか?」
師匠「初心者には毛バリがどこに落ちたか、どこを流れているかわかるように白いハックルの毛バリがいいんだ。そのために白い毛バリを使ってもらっているの。でもね、いつまでも白い毛バリを使って毛バリを見よう、見ようとしてはダメなんだ。毛バリは魚が見るもので、釣り人が見るものじゃないからね」
弟子「師匠は毛バリは魚が見るもの、釣り人が見るもんじゃないと同じことばかり言ってますね。ネタがないからですか?」
師匠「ネタなら、寝た子も起きるオヤジギャグはいくらでもあるよ。毛バリにこだわるなというのはテンカラの憲法第1条だから何度も言うんだ。テンカラでは毛バリを信じることが大事。だからこの毛バリでは釣れないのでは？　と疑うことを疑針暗鬼と言うんだよ」
弟子「では自分の毛バリは絶対に釣れると疑わないのを自針過剰というんですね」
師匠「人からもらった毛バリなんかで本当に釣れるだろうかと思うのは半針半疑とも言うね」
弟子「1本の毛バリだけで集中して釣るのを一針不乱」

　師匠と弟子のダジャレは際限なく続くのであった。なにせ今日は禁漁間近の日曜なので釣り人がひっきりなしに川を渡る。Tさんには先行者がいて当然で、先行者がどこに立って、どこを歩いたのかを憶えておくこと。直前に歩いたところは出ないこと。そして誰も毛バリを打ってない目残しのポイントに毛バリを打つように教えておいた。とうとうTさんに釣れるときがやってきた。

　師匠！　師匠！　と呼ぶ声がする。Tさんの方を振りむけば、今まさに取り込みの最中である。竿の曲がりからして25ｃｍは超えているだろう。しばらく魚に主導権をとられて、バタバタしていたが、やがてタモの中にゆっくり魚体を横たえた。
弟子「師匠！　釣れました。ウレシイです。本当にうれしい。アマゴです。ウグイではありません」

　聞けば向こう合わせで掛かったらしいが、喜ぶ姿を前にして釣れたと釣ったの違いを言っても興ざめである。駆け寄った師匠は「よかった。よかった。私もウレシイよ」とすかさずTさんの手を握ろうとしたが、今日もTさんは抗セクハラ手袋をしていたのであった。

フライマンにテンカラを教える

熟女にテンカラを教えた翌年、スマホに電話が。

「もしもし……」気配はあるが応答がない。うぬ！　さては無言電話かと思ったころに「あのぉ……テンカラ大王さんでしょうか」

メールは多いが電話してくる人は珍しい。よほど勇気がいったみたいで声が震えている。名前はKさんとのこと。用件はテンカラを教えてほしいとのことである。Kさんはフライをはじめて3年目のフライマン。テンカラの人からのメールはしばしばあるがフライマンからは初めてだった。6月のことである。

フライと同じ毛バリということで私の本を何冊か読んだ。『テンカラ・ヒットビジョン』も見たし、『超明快レベルラインテンカラ』は特に勉強になったとひとしきり言った後、フライとテンカラは同じ毛バリなのにどうしてこうも違うのか混乱してしまったというのである。

これからもフライをやろうと思っているがテンカラも経験してみたい。どこか参考になることがあるに違いないので、ぜひ教えてほしいというのである。

願ってもないこと。フライをはじめてまだ3年なら「傷は浅いぞ、しっかりしろ」、テンカラに進路を変えることも可能姉妹。おぉゴージャス。妹が好き。お姉さん怖い。竿や仕掛けは私が用意するからと、さっそく次回の釣行を約束したことは言うまでもない。

約束の日の朝、長野県遠山川にドルドルドル……というディーゼル音を響かせてランクルがやって来た。Kさんかな？　歳の頃は40半ばを廻った頃でやや小太り。

ワークマン、シマムラ御用達の私には上から下までP社で揃えたKさんのファッションに少々引け目を感じてしまうが、ファッションで釣りするわけじゃないし。さっそく初対面の挨拶もそこそこに釣りに出かけることにした。

師匠「Kさん。今日は私がテンカラの師匠。Kさんは弟子になるけどいい？」

弟子「師匠、支障ありません」

師匠「キビシイことを言うかもしれないけど」

弟子「わかってます。弟子ですからデシデシ言って下さい」

Kさんはダシャレが通じる人のようだ。これならダジャレも含めて弟子の資格はありそうだ。弟子教えよう。

師匠「フライは長い歴史と研究をもとにした素晴らしい釣り。私はリスペクトしているけど、テンカラにはテンカラの歴史と研究があるので今日はテンカラを体験してフライの参考にするといいよ」
　師匠はKさんのバストがDカップ、もといベストがむっちり膨らんでいるのを見逃さない。セクハラ師匠は男の胸元にも目がいくのだ。
師匠「アルプスの救助犬だってそんなに持ってないよ。テンカラのベストはシンプルでなくっちゃ。シンプル・イズ・ベスト、ベスト・イズ・シンプルなの。余分なものは持っていかない」
　持ち物は毛バリケース1箱、ハリス、ハサミだけにさせた。防弾チョッキのようだったKさんのベストはダイエットに成功してすっかりスリムになったがKさんは不安そうである。
弟子「師匠、テンカラってたったこれだけで釣るんですか」
師匠「そうです。少ないほど迷いがないからね」
弟子「迷わないようにわざと少なくしているんですか」
師匠「そうじゃないの。必要ないからなの。弟子は理屈いったらあかんの。師匠の言うことを聞きなさい」
　師匠はシマノ渓流テンカラに3号フロロカーボンを4m、ハリス1号1mの仕掛けをつけて渡す。毛バリケースから取り出したバーコードステルス毛バリも渡す。
弟子「これは何の虫を模した毛バリ？　アダルトですか。ピューパですか？　イマージャー？」
師匠「イチイチうるさいね。私はアダルトビデオしか知らないの。イマージャーって今じゃのこと？　何のことか知らないの」

弟子「師匠、今、トゲトビイロカゲロウがハッチしてますよ」

師匠「○×※〒▲☆……？　テンカラの毛バリは何か特定の虫を模したものではないんだね。あえていえば羽のある虫みたいなものだから、羽虫、それも水の中のね」

弟子「でも、フライではいろんなパターンの毛バリをつくってミッジとかアダルト、ピューパなどと使い分けてますが」

師匠「テンカラをやるなら毛バリに対する考え方がまったく違うことを知らないとね。毛バリで迷うことになって結局釣れないことになるね。ともかく毛バリをつけて振ってみて」

Kさんは渡されたバーコードステルスをつけてキャスティングをはじめた。フライを振っているだけにキャスティングは様になっているが、長いテンカラ竿、軽いレベルラインに戸惑っているようだ。二度、三度と空振りをしてから毛バリを落としている。師匠はたまらず口を挟んだ。

師匠「テンカラでは一投でキャストしないとダメ。Kさんを見てるとアドレスしたゴルファーが打つかなと思えばまた止めるみたいなもので、何度も振るうちに魚に感づかれてしまうから」

弟子「なるほど。そうですよね。フライではフォルスキャストしながらラインの長さを調整したり、その間に毛バリを乾かしているけど、テンカラはラインの長さが一定だし、浮かす必要ないんだから警戒させない点でも一投でというのはわかりました」

師匠「それと竿を9時まで倒すからラインがベチャと着いているでしょ。これもダメ。テンカラの仕掛けは10時で止めると毛バリから落ちるようになっているんだ。ラインがベチャっと着くと警戒させるからね」

弟子は5分ぐらい同じ場所で何度も振っていた。師匠はいいかげんジリジリしてきた。上にはいいポイントがあるからそこを狙えばいいと思うが動く気配がない。そのうちフライボックスを開いて毛バリ交換をはじめた。

師匠「毛バリ交換してもムダだから上に行きましょう」

弟子「でも、毛バリを換えれば出るかもしれないでしょう」

師匠「出ないの。出ないのは便秘だからじゃなく、毛バリのせいじゃないんだ。毛バリを交換してもムダ。釣り上ってこの毛バリを食う魚を相手にした方がいいから」

弟子「でもフライでは頻繁に毛バリを交換するし、実際、毛バリを換えたら食ったこともあるから」

師匠「そこが一番テンカラとフライの違うところなんだな。ちょっと長くなるけど……」

師匠はテンカラとフライの毛バリの違いを語りはじめた。理屈っぽい師匠である。

師匠「渓流魚の視力は0・1以下。目のいい人にはわからないけどこれはひどいピンボケ。私は頭もピンボケ、視力も0・06のピンボケ。だから魚の見え方がよくわかるんだ。ボォとしか見えていない。だから毛バリの細かいところにこだわる必要はない。なんとなく虫らしければいいんだ。色も関係ないと思うよ」

弟子「でも、フライでは魚は毛バリをセレクトしますよ」

師匠「そこなんだ。確かにフラットでゆっくりした流れのところでライズしている魚は毛バリをセレクトするよね。あれはゆっくり流れてくる餌は食い逃がすことがないから、それが餌かどうかセレクトする余裕があるからなんだ。そのときボンヤリした視力だけどサイズの違いは見分けられるから、今、食っている餌と同じ大きさだったらとりあえず食ってみるということをしていると思うよ」

弟子「なるほど……」

師匠「それと、毛バリが自然に流れているかだろうね。魚は餌獲りが仕事だから、毛バリの動きがおかしければこれは餌じゃないとわかると思うんだ」

弟子「それでフライでは自然に流すためのいろいろなテクニックがあるわけですね」

師匠「そう。フライはヨーロッパのフラットなゆったりした流れにいるマスを釣るのが発祥で、その後、長い歴史と研究を重ねて発展してきた釣りだからね。そういう流れに棲む魚は毛バリをセレクトする。だから、いかに本物の虫らしく作るか、いかに本物の虫が流れるように毛バリを流すかということに工夫を重ねる必要があったんだ」

弟子「フムフム……」

師匠「そのため餌の生態を研究して、それに合わせたアダルトとかピューパとか、またサイズも各種必要になるわけ。セレクトしてる魚が何を食っているか推理し、それにマッチした毛バリをセレクトして釣ったときに最高の面白さを見出す釣りなんだ。魚のセレクトには毛バリをセレクト。コーヒーにはクリープみたいなものかな。フライは最高の遊びだと思うね」

弟子「コーヒーにはクリープ。それって親父が言ってましたよ。ＣＭの古典、化石、骨董品。師匠の歳がわかります。でもテンカラでは毛バリにこだわらない。それはなぜですか？」

師匠「それはなぜか。それは同じ渓流魚でも棲息する流れで餌のとり方が違うんだ。フラットな流れではゆっくりセレクトしていても、瀬にいるときはパッと出てパッとくわえる。流れの速いところではいちいちセレクトしていたらアッという間に餌は流れてしまうからね。ともかく急いで食わなきゃならない。そこでは形がどうだとか、色や素材、アダルトだろうが関係ないんだ。それらしければいい」

弟子「そうか。テンカラはそういう流れにいる魚を相手にした釣りなんだ」

師匠「そう。Ｋさんは顔は悪いが頭はいいね。足は短いけど胴は長い。怒らないで。ホメたんだから。結局、テンカラは瀬が連続する日本の渓流で伝承されてきた釣り。昔からそういう魚の習性を見抜いていて、毛バリにはこだわらないわけ」

弟子「ということは得手不得手があることになりますね」

師匠「そのとおり。テンカラはフラットでゆったり流れるいわゆるプールと言われるようなところはお手上げだね。そういうところはフライの独壇場だ。20番サイズのフライをセレクトしている魚を10番の毛バリではマッチしてないし、ハリスだって1号ぐらいしか持っていないから、20番に無理やり結べばマッチの軸と頭みたいになってしまうからね。誘いをかければ食うこともあるけど、すぐ見破られてしまうしね」

弟子「でも、指をくわえてないでそこを何とかテンカラでと考える人もいるでしょう」

師匠「遊びだから20番くらいの毛バリと0・3号くらいの細いハリスを使ってライズを狙ったテンカラなんかも可能だと思うよ。するかどうかは好みの問題だと思う。私は好きではないけどね」

弟子「逆にフライは流れのあるテンカラのフィールドのようなところでは不利になるわけだ」

師匠「そういうことかな。竿が短くてラインが重いからどうしても流れにラインがとられてしまうからね。その点、テンカラはそのような流れでも毛バリだけ流れるように竿の長さとラインの長さのバランスがうまくとれているんだ」

弟子「同じ毛バリ釣りだけど、どこに棲む魚を釣るかで毛バリに対する考えもタックルも違っているのがなぜかというのがわかりました」

師匠「だんだん、わかってきたようだね」

弟子「こだわりがないテンカラはアバウトですね。師匠をはじめとしてテンカラの人にはアバウトな人が多いような気がするけど、アバウトな釣りだからでしょうかね。師匠のバーコード毛バリは本当にアバウト。あれじゃ魚に悪いな、申し訳ないと思いません？」

師匠「どんどんアバウトになっていくね。いいかげんというか。テキトーというか。テンカラをやっているとアバウトになるのか、アバウトな人がテンカラをやるのか。ニワトリとタマゴみたいなものかな。ともかく私の毛バリを信じて使ってみてちょうでぇ（急に名古屋弁になる）」

弟子「その前に師匠の毛バリ、何でバーコードなんですか」

師匠「あのねぇ。毛ぇちゅうもんは多ければいいわけじゃないんだ。毛ぇかきわけてくわえるなんてことになったら面倒だろうが。毛ぇが口の中に入って……」

弟子「師匠、そっちの毛の話じゃないでしょう。師匠の毛ぇていう言い方イヤラシイですよ。すぐそっちに持っていくんだから。だからセクハラ師匠と言われるんです」

師匠「いや申し訳ない。ついつい妄想が。ハックルは毛ではなくて羽根だよね。毛が少ない、薄いというと気になる人もいるからね。まぁ、パラリと巻いとけばそれで十分だし、空気抵抗がないから狙ったところに飛ぶからね。ごちゃごちゃ言わないで使ってみて」

Kさんは羽根なのになぜ毛バリというのか、師匠に聞こうと思ったが師匠のことだからどうせテキトーなことを言うだろう。しかし、フライとテンカラの毛バリの違いには納得できたようで再び釣りはじめた。

バーコード毛バリのせいかキャスティングも的確になってきたようだ。何投目かに荒瀬の向こうのたるみに落ちた毛バリの下でクルッとキラメキが起きたがKさんは合わせなかった。

師匠「それ！　今のがアタリだがや。何で合わせなんだの」

弟子「ギョエ、今のがアタリですか？　ドライばかりやってるから水面でガバッと出るものと思っていたもんで。それに沈んでいて毛バリが見えないし」

師匠「ギョエじゃないの。あんたはサカナ君かね。テンカラではそういうアタリも多いよ」

弟子「でも、ドライは浮きますよ。浮いてないと面白くないし」

師匠「鉄でできたものは沈むのはあたりまえでしょう。だからドライフライでは浮かすために浮きやすい素材や浮力剤を使うわけだね。テンカラの毛バリは浮かないんだ。5～10ｃｍぐらい沈んで流れるね。少し沈んでいる方が魚は出やすいし、くわえやすいから沈んでいる方がいいんだ」

弟子「でも、浮いていればガバッと水面に出るのが見えるから面白いじゃないですか」

師匠「でもが多い人だね。デモもストもないの。理屈を言わない。弟子は言われたことをやってみるの」

弟子「じゃ、アタリはどうしてとるんですか？」少しムッとして言った。

師匠「活性が高いときは水面にガバッと出るからわかるよね。あとは水中のキラメキとか、コツッとした手感とか、ハリスが止ったとか、なんとなく食ってるという気配かな」

弟子「じゃ、餌釣りと同じじゃないですか」

師匠「そうじゃない。黒か白かだけじゃなく、その間には灰色だってあるでしょう。ガバッと飛沫を上げて出るのが面白いのは私もそう思う。でもこれは食っている！　と読んで掛けたのはもっと面白いんだ。奥が深い。灰色にも白っぽいものから黒に近いものまであるようにアタリもいろいろなんだ。ラインの微かなフケで、アタリだ！　と合わせて掛けたのはテンカラの醍醐味だと私は思うね」

弟子「ちょっと偏屈だけど、師匠のいう好みの問題だからそういうことにしておきます」

　Kさんは付き合っていられないという表情をしながら次のポイントへ向かっていった。

師匠「珍しく、でも、と言わなかったね。ついでだけど警戒させないという点ではその靴、何とかならんかね。登山靴みたいなの。歩くたびにガッツ、ゴッツと音を立てているよ」

弟子「これダメですかね。格好いいし、丈夫そうだし、足もしっかり保護されているからいいと思っているんですけど」

師匠「そこなんだね。底が問題だ。その靴はそこそこいいけど底が硬すぎるね。底が硬いと足の裏の感触で地面を捉えられないし、第一、指先が曲がらないでしょう。岩をホールドできないから岩を上るには適していないね。一番いいのは鮎タビのような底が柔らかいのが渓流を歩くには最適なんだ。その靴では石に当ってゴツゴツ歩くことになるから警戒させることになるね。格好よりまず機能優先がテンカラだね」

弟子「テンカラは格好より機能を優先するんだ。シンプル・イズ・ベスト。余分なものを持たないでシンプルに考え、シンプルに釣るスタイルってむしろ格好よく思えて来ました」

師匠「Kさん、テンカラウィルスに感染したようだね」

弟子「なんですか？　そのテンカラウィルスっていうのは。何か恐い病気なんですか。新型コロナより怖いですか」

師匠「いいの。そのうちわかるから。テンカラウィルスにはワクチンも特効薬もないから怖いんだ。でもね、罹った人は罹ってよかったと喜ぶ不思議な病気なんだな」

弟子「ふーん、私はもう感染したんですか……」

Kさんは再びキャスティングをはじめた。竿を寝かすクセは次第に直ってきたがダメ押しで教え魔の師匠がまたまた口を挟んだ。

師匠「テンカラのメリットは長い竿と軽いライン。竿を高く掲げていればハリスと毛バリしか水に着かないから、そうすれば流れなりに流すことも可能だし、ブレーキを掛けながら流すこともできるよ」

師匠はKさんの竿をとって手本を見せた。

師匠「ほら、流れよりもゆっくりラインが流れているのがわかるでしょう。食い筋を流れているよ。この流れ方ならまもなく出るよ。そら出た！」

Kさんにはいつアタリがあったかわからなかったが、師匠の竿が満月に曲がっていることから、この間のどこかでアタリがあったのだろうと思った。ほどなくして姿を見せたのは尺に近い遠山川の幅広アマゴであった。Kさんはいてもたってもいられない。

弟子「し、し、師匠、私にもやらせてください」

師匠「もう帰ろうか。紙数が尽きたし、もうKさんの出番はないから」

弟子「そんな……」

Kさんがその後釣ったか誰も知らない。風の便りではテンカラウィルスに感染してテンカラに転んだとも、転んだのは靴のせいだとも……。

3つ教える

大学教員を50年経験した。教えることは大学教員の仕事の一つである。講演やテレビ出演も数え切れないほど経験した。限られた時間や制約があるなかで、いかにわかりやすく伝えるか苦心した。

テンカラと出合ってよかったと思う人を一人でも増やしたい思いから、たくさんの講習会を開催し、どうすればテンカラの楽しさ、面白さが伝わるか考えてきた。私は教えることは伝えることであり、教えることは教えられることと思っている。

一人で数名を教える講習会についての私の経験である。講習後、一緒に釣行できるならいいが多くは講習会限りである。講習会の経験をもとに一人で釣りに行かなくてはならない。「〇〇さんに教えてもらった」ことがすべて。講習会はまさに一期一会である。

少し経験しただけではなぜ釣れないのかわからない。おおむねの理由として自分の腕が悪い、毛バリが悪い、魚がいないの3つを考えている。しかしこのように分析的に考えている人は少なく、ほとんどの人は何が悪いのかわからない。そこで3つの疑問からアプローチしている。

1．技術

キャスティング、アプローチ、どこに落とすか、どこまで流すか、3秒×3回の散々の法則など技術的なことを教える。

2．毛バリが悪い

毛バリはサイズがあっていれば形、色、素材は関係しないことを教える。おおむね12番サイズでよい。こんな毛バリで釣れるでしょうか？　と言う人には、その人の毛バリで釣って見せると説得力がある。

3．魚がいない

渓流魚は姿を見せない。見えないがいる。水温、流下する餌、先行者などで魚の反応は違う。いくつかのポイントに毛バリを打ち、ポイントを教える。

講師が釣ってみせるのは説得力があるが、釣って見せることに集中すると「この人は自分が釣りたいのだな」と思うのでほどほどにする。釣れなくても「私の腕が悪いのではありません。魚にやる気がないから（笑）」などのフォローがあれば受講者との距離が縮まる。

プライドのある大人である。「なぜできないんですか」「さっき言ったでしょう」はプライドを傷つける禁句である。最初は誰もが初心者。できないのは仕方ない。言ったのに伝わらなかったのは指導者の伝え方が悪かったからと考える。「急いで！」も禁句である。渓流では急がせて事故に繋がることがあるからだ。

悪いところ、できないことがあるのは当然である。悪いところを指摘するとき、ここがダメと言うより、こうするともっと良くなりますというポジティブな表現にすると効果的である。悪いところを指摘する「ティーチング」より、こうすればいいという「コーチング」が短時間では有効である。受講者は上手くなる方法を知りたいからである。

少しでも良くなったことや、いいところがあれば「良くなりました」「上手い」などの言葉で褒める。褒めることで伸ばす。お世辞で伸ばすのもテクニックである。キャスティングが上手くなった人には「こんな短時間でこんなキャスティングができる人は初めてです」というのが私の常套句である。お世辞と思われないようにさりげなく。

手本を見せる必要がある。「見ていてください」と指導者は言う。ところが受講者は「見ていて」と言われたのでただ見ているだけである。熟練した指導者の中には講習は自分の腕を見せつけることと勘違いしている人がいる。講習会は自分の腕を披露する場所ではない。名選手が名監督とは限らないように腕を見せることと教えることはまったく違うからだ。

「見ろ」と言われてもどこを見ていいのかわからないのが初心者である。職人も親方から見て学ぶ。親方と弟子なら長い間に見ることから伝わるが、一期一会では違う。具体的に「ここを」と指摘する必要がある。例えばキャスティングでは竿は12時までと言うとき、竿が12時を指しているこことを指さし「ここを見ていてください」と言うことで初めてそこを見る。

あれも伝えたい、これも教えたい。指導者には伝えたいことが一杯ある。しかし、あれもこれもと詰め込むと記憶の限界を超え、消化不良になる。私は伝えたいことが10あるなら３つでいいと思う。その３つを正確に記憶に残るようにすれば、あとの７つは補完してわかるようになると考えている。

教えることは省くことだと思っている。これは大学教員として学生に教えることで私が学んだことである。あれもこれも教えたいことはたくさんある。ではそのすべてを教えることができるか。できない。

無理に詰め込もうとすると消化不良になる。学生の表情や目で腹一杯なことがわかる。最低限必要で、しかしキモになることを確実に教えればその他のことは自ら調べ補完するようになる。自ら考えたものは身につく。

なにより楽しいことである。大学の講義も講演会も楽しいことを心がけている。楽しいことは記憶に残るからだ。講習会のオヤジギャグも講習の調味料のつもりである。

テンカラに限らず「そんなふうに教えたことはない」ということがある。人は自分が理解したように覚えるからである。いくら指導者が正しく伝えたとしても、受講者には自分が理解したようにしか伝わらないからである。これは仕方のないこと。そのため必要最小限のことを正確に伝えることが大事である。

ぜひ、人に教えてほしい。多くの人は自分なんかとてもとてもと謙虚であるが、1年経験した人は初心者からは上級者である。教えることは自身の釣りに必ずプラスになる。教えているつもりでも実は教えてもらっていることがわかるからである。

テンカラを教えてきた経験からこの人がうまくなるかどうか、少しわかるようになった。キャスティングがすぐできる人はうまくなる。

多くの人は頭ではわかっても身体がついてこないが、キャスティングがすぐできる人はどこがコツかすぐわかり、コツを技術にする運動神経があるからだ。

第8章　テンカラあれこれ

昭和24年の毛鉤釣り

ある人から月刊つり人の昭和24年5月号をいただいた。昭和24年（1949年）と言えば敗戦からまだ4年足らず。後記のページには「終戦以来、釣に出た釣人でー國破れて山河また亡びたりーの感を抱かない者があるであらうか……われわれは何とかして東洋の釣の愉しさを取り戻さなければならぬ……」と記されている。敗戦の混乱と貧窮の中でなんとか釣りを復興させようとした先人の思いが伝わってくる。

現在の雑誌と比べて隔世の感がある。絵手紙のような表紙。ページ数は40ページ。写真は一切ない。旧かなづかい、旧漢字、なかには右書きもある。

雑誌の中身は毛バリ釣り特集とあって、毛バリ釣りのノウハウ、毛バリ巻き、釣り場紹介、名人座談会、エッセイ、小説、俳句などで現在のスタイルとほとんど変らない。俳句の選者は水原秋櫻子。

「毛鈎釣」とあるが、対象は鮎の毛バリ釣り（ドブ釣り）、ヤマベ（オイカワ）の流し毛バリ、渓流の毛バリ釣りの３つ。この３つをまとめて毛鈎釣としている。現在のように渓流の毛バリ釣りをテンカラと呼んでいない。

　雑誌の中で一ヶ所「テンカラ」が出てくる。５、６本のはや毛鈎の浮き流し（ここではテンカラと称する）とあり、渓流のテンカラのことではない。

「毛鈎の自製」では現在と毛バリについての考えが違わないことがわかる。むしろ、今が昔となんら変わっていない。まだアイのついたハリはなかったと思われ、ハリのチモトを切って絹糸でアイを作り、羽を細く切って軸に巻きつけ胴にしている。接着はどうしたか書いてない。

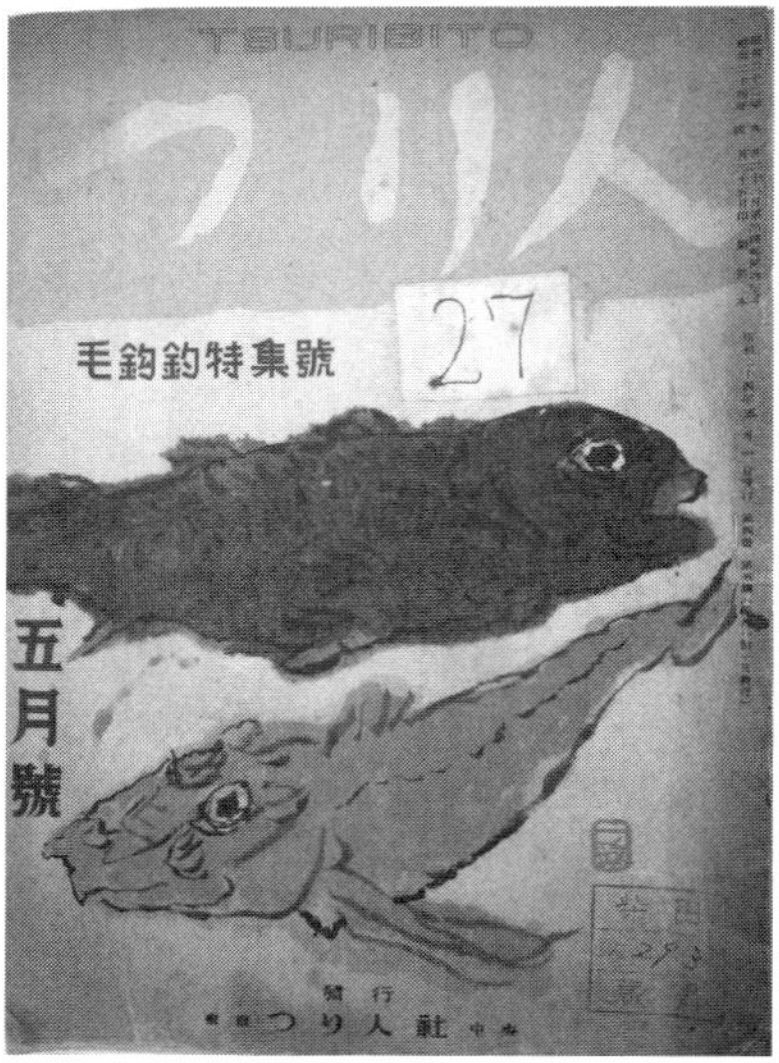

　当時から毛バリの作りはどうでもいいと思われていたようである。毛バリの蓑毛の色や素材の違いもそれほどのものではない。日光ではゴロ蝶と呼ばれる蛾に似たものがいいとされている。その毛バリと似たものを使ったが釣果に違いがあるとは思えなかったとも。

「魚野川付近・渓流の毛鈎釣」はタックルとテ

クニック編である。一ヶ所で粘るな、キャストは流れの下方か、斜め横からすること、また毛バリの流し方は表面に浮かせる、１～２寸沈めて流す、横斜めに引く、あるいは羽虫が飛ぶように動かしながら引くなどのいろいろな方法があり、これを時と場合で併用すると書いてある。今とまったく同じで、当時もいろいろなテクニックを駆使していたことが想像される。

まったく同じだなと思ったのは次の一文。「特に注意するべきは釣る時に野心、邪念を交へざる心境の保持である。少しの心の動揺も直ちに毛鈎に傳わることは不思議な位だ」今も昔も釣り人の欲は変わらない。

当時だから釣れたに違いない。座談会・美濃飛騨の毛鈎釣の中に「高山から大家族村の白川郷に入っても山女魚《あまご》・岩魚がドッサリいます」「白川村のあたりでは、子供でも日に一貫目はらく釣るそうです」「延べ竿の馬毛の道糸一本、釣り道具は至ってカンタンですね」とある。粗末な仕掛けで、ドッサリ。ビクを置くときのドスッという音が聞こえるようである。

温故知新。当時の釣り人も仕掛けこそ違え、今とさほど違いのないテンカラをしていたのだろう。ただし魚は桁違いに多かった。テンカラだけなら当時にタイムスリップしてみたい気もする。

アマ語を翻訳する

ＡＩ（人工知能）はどこまで進化するだろうか。チャットＧＰＴは聞けば即座に答えてくれる現代の神である。Ｇｏｏｇｌｅ翻訳なら世界の言語に翻訳する。

瞬時の通訳は時間の問題だろう。今はまだタイムラグがあるが、同時通訳も時間の問題である。電卓が出てソロバンの必要性がなくなったように、英会話学習はやがて不要になるだろう。喜ばしいことか、人類の退化か。

スマホをアマゴに向ければアマ語に翻訳する研究が密かに進んでいる。アマゴは言葉を話せないが、言葉の代わりにボディランゲージで意思表示することが知られてきた。Ｇｏｏｇｌｅが研究を始めたらしい（ウソ）

毛バリを追ってバシャと出てもただ餌と思って出るといった単純なものではないことがわかってきた。現在は初期段階であるがいくつか翻訳されている。

イライラ

先行者がいたり、活性が低いとき、しつこく毛バリを打つとピチャンと素早く尻尾で叩くようなのがいる。

《翻訳》
シッコイなぁ。わて食い気ないんやさかい、そげに毛バリを打たんといて。それでなくても今日はあんさんで5人目やで。毛バリだっちゅうことはとっくにわかってまんねん。わて餌食えんとイライラしてまんねん。やめてんか。ほんま。

振り込め詐欺

いかにも食い気ありそうに水面近くをフラフラ泳ぐ。

《翻訳》
アホやなぁ。ちょっと食い気あるそぶりすると何回も振り込んで来る。有名人をかたる投資話、還付金なんて詐欺に決まってるやろ。儲け話にゃ裏がある。毛バリだって偽物だ。詐欺だ。裏があるに決まってる。裏？　ハリのこと？　いっけない。うっかり食っちゃった。痛ぇ……

あら？

C＆R区間のように散々毛バリを見ている魚の中には、変わった毛バリを流すと口先でハックルだけをくわえるのがいる。メスに多い。

《翻訳》

あら？　変わった毛バリだわ。でもね毛バリだっていうことわかっているのよ。私たちって手がないでしょ。だから口でくわえてみるのよ。この毛バリなんだか毛深いわね。かき分けてくわえるのも大変。あらいやだ。毛が口の中に入ってしまったわ。ペッペッ。

腹へった

活性が高い日にめざとく毛バリをみつけ、先回りしてがっぷりくわえるのがいる。一度食い損なっても再度出てくる。

《翻訳》

今日はどういうだが知らんが、がんこ腹が減るがや。食いとうて、食いとうて。おお！　餌だがや。餌が来たがや。シメシメじゃない、めしめし。いただきまっせ。グゲゲェー。痛てぇがや。誰だメシの中にハリ入れたのは。わやだがや。

国際ロマンス詐欺

オスなのだが体側にハデで濃い朱点を散りばめ、いかにも私を釣ってとアピールする。

《翻訳》

俺はオスだけどみんなメスだと思うんだな。ワタシ、ニホンニイキタイ、アナタニアイタイ、オカネホシイとカタコトのメール送るとイチコロなんだ。毛バリじゃなく色気で釣られるなんて男ってバカだな。

見て見て

毛バリそっちのけで幅跳びするように飛び出るアマゴがいる。20ｃｍ前後のメスに多い。

《翻訳》

ねぇねぇ見て見て。私、水玉のワンピース着ているの。かわいいでしょう。赤い斑点あるのも見てね。赤い斑点？　大丈夫アレルギーじゃないんだから。斑点のないヤマメちゃんより可愛いと思わない？　水玉の模様？　パーマークというのよ。お馬鹿さんの印じゃないの。パールマークなんて言う人もいるけど、真珠のネックレスじゃないんだから。おばさんになるとこれが消えるんだって。うちのお母さんもうウスウスよ。今が女の一番綺麗なときなの。よく見てね。

ドスを利かせる

尺をこえ、どっしり構えたメスアマゴは、ゆったり出て毛バリとわかるとフンとばかりに二度と出てこない。

《翻訳》

私しゃ、この道じゃぁちったぁ知られた極道の姉御だよ。偽物で釣ろうなんて、じゃかっしぃい。ほんまもん出さんかいワレ。私の後ろにゃ極道の妻の岩下姐さんがついているんだからね。憶えときや。

お愛想

散々毛バリを流して、もう出ないだろうと思うと突然出て、ビックリすることがある。初心者は出たぁと思わず口走り、早合わせになる。

《翻訳》

何よ。出ない、出ないというからお愛想で出てあげたのに。出ないのは便秘だからじゃないの。しかも何よ。せっかく出てあげたのに出たぁ！　なんて、まるでお化けじゃない。お化けなら岩さんの方でしょ。失礼しちゃうわね。私はアマゴよ。それに何よ。私がチラッと裸で出ただけでドキドキ、はぁはぁしてしまって。早いのよ。何がって？　合わせに決まっているでしょう。あなた何考えてるの。

カメラ目線

バタバタしているアマゴに、カメラを向けるとポーズをとるようになった事例が報告されている。C&R区間の魚に多い。
《翻訳》
以前でしたら、一旦釣られたらもうお陀仏と観念したものでした。親からもそう言われてました。ところが、ナンテ言うんですか、スマホとかいうカメラが出てSNSとかいうのが普及すると、私らをパチパチ撮ってから逃がしてくれる人が増えたんです。ハリだって余り痛くない。あのハリなんていうんですか？　バーブ佐竹？　古い？　知らない？　とにかくいい時代になったもんですな。
私ももうダメだと思ったことも何度かありました。でもね、とられたのは命じゃなくて写真なんですね。しかも、綺麗だとか言ってくれる。私しゃオスですから綺麗だなんて言われると穴にも入りたい気分ですけど。おっと、穴から出て釣られちゃったんだ。ちょっとまぶしいのを我慢すればいいだけなのでたいしたことないですわ。綺麗に撮ってください。目線はこんなもんでいいです？　もう少し上を向く。ハイハイわかりました。

断末魔
不幸にして短い一生を終えるものもいる。しかも絞められて。
《翻訳》

グェー、ちょっとちょっとあんさん、絞めるといっても首を絞めるのとちがいまっせ。エラのところ、そんな強く締めないでおくれやす。首に跡がつくがね。クックッ苦しい。あんさん柔道やってたと違います？

テンカラの語源あれこれ

なぜ毛バリ釣りをテンカラと言うのか誰もわからない。テンカラの語源を説明したものには学術的考察をくわえたマジメな説と、冗談に分類される。まずマジメな説から。

テンカラ転化説

江戸時代「テンガラ」と呼ばれていた鮎の引っかけ釣りの言葉が、やがてテンカラとなった。引っ掛けのテンカラと鮎の毛バリ釣りが同じ川で行われていたことから、いつのまにか毛バリ釣りをテンカラと呼ぶようにすりかわったというもの。私はこれが本命と思う。ただ、なぜテンカラなのかその語源はわかっていない。

シンガラ説

シンガラ説の由来については、山本素石さんの『西日本の山釣り』や熊谷栄三郎さんの『山釣りのロンド』に詳しく書かれている。

山釣りのロンドによればシンガラ説は民俗学者・柳田國男の「シンガラ考」から着眼し、山本素石さんが発展させた説であるという。

これは全国各地で子どもの片足跳びをケンケンといったり、シンガラ、チンギリ、チンカラ、ツンカラ、テンテンカラカラと言ったりすることから、素石さんは毛バリを振りながら遡行する釣り師の姿があたかもケンケンするようなので、子どもの遊びからテンカラと呼ぶようになったのではとした。

熊谷さんはむしろ水面を躍る毛バリの動きそのものがケンケン跳びのようであるから、そこに注目してテンカラと呼んだのではと考えている。いずれにしろ柳田國男のシンガラ考からテンカラと結びつけた点は慧眼である。

伝韓説

これは『テンカラ奥義』に載っている切通三郎さんの説である。要は「続日本後記」の中に百済帰化人の釣りの達人が釣り糸をたれると魚が口をパクパク開いてたちまち百匹以上釣ってしまったという記述があり、これは毛バリで釣ったに違いないと考えたわけである。韓から伝わったので伝韓《てんから》だというものである。

たんから説

同じく切通さんは『てんからＦｉｓｈｉｎｇ』にたんから説を載せている。これは江戸時代に釣り糸としてたんから（丹殻）と呼ばれていた染材で染めた糸があり、釣り糸としてすぐれていた。テンカラは糸の強さが求められるので使ったのではないか。よって「たんから糸の釣り」からてんからに転化したというものである。

両説ともよくぞここまで調べたと思うが、強引こじつけの印象は免れない。ジンギスカンは源義経だったというのもあながち眉つばではないように思えてくる。

鍛冶屋の里謡（はやりうた）説

江戸時代まで鍛冶屋のツチ打つ響きはテンカラないしはチンカラと表現されていたとする鹿熊勤さんの説である。テンカラの振り込みが鍛冶屋のツチを振り下ろす動作と重ねられたからではないかというのである。

冗談

・十人十色でテンカラー
これが古典である。英語混じりが面白い。
・合わせが難しいから
10回出て1回かかればいい。テンに1回だカラ。
・てんから釣れない。
確かに釣れない。
・餌釣りの10匹に匹敵
テンカラで釣った1匹は餌釣りの10匹に匹敵するほど面白い。テンに匹敵するカラ。納得である。ぜひ餌釣りにすすめたい。
・天から毛バリが
天から毛バリが落ちてくる。フロム・スカイ。
・テンプラ、カラアゲ
女性向けの説である。『リバー・ランズ・スルー・イット』を見た女性たちがブラッド・ピットに痺れてしまい、私もフライをやってみたいと言い出したので「お嬢さん、フライなんていうバテレンの食い物に手を出したらいけません。日本にはテンプラ、カラアゲという伝統的和食があるではありませんか。ダイエットにもいいのです」と食欲から迫りつつテンカラに引き込もうというものである。
・テンから説
テンを見ると釣れるというジンクスがある。テンカラはテンからである。
・点から説
木村一成さんの『名人達の釣り道具』に出てくるテンカラは、点に毛バリを落とすことであり、その点をいかに見つけるかであるとする師匠の教えである。忠実に守った木村さんがすぐに師匠を追い越したので、師匠の目が点になったからというのが真相らしい。
・カンテラ説
テンカラの時合いは朝夕マズメ。釣り場までの行き帰り、職漁師はカンテラを下げて通っていた。カンテラを下げた釣りだ。カンテラ、カンテラと言っているうちにテンカラになってしまったというもの。

ヘビ嫌いはヘビを探す

渓流の三つの守護神はヘビ、ヒル、アブである。これがいやで渓流に行かないという人もいる。ムシッと暑い日にはきまってヘビを見かける。多くは青ダイショウ、シマヘビ、ヤマガガシだが、まれにマムシも顔を出す。

ヘビほど忌み嫌われる動物はない。「蛇蠍《だかつ》のごとく」の言葉のようにヘビとサソリは嫌われものの代表だがサソリのいない日本ではヘビに一手に集中する。

嫌いなものに出合っても普通なら一瞬ギクッとして、目をそむけながら「見なかったことにしよう」と思いつつ早足で去るが、ヘビ嫌いの人の中には目をひきつらせて危害を加える人がいる。

窮鼠猫を噛むとか、親のかたきを見つけたごとく、ゼーゼーハーハーこれでもかと息の根が止まるまで執拗に危害を加えるのだからヘビは嫌われものの代表格であることは間違いない。

ヘビ好きにとってはあんな大人しい平和主義の動物を忌み嫌うだけでなく石をぶつけたり、棒で叩きのめすとは何てことするんだと思うかもしれないが、残念ながらヘビ好きは圧倒的に少数派である。なぜ嫌われるのかヘビにはとっては迷惑千万な話である。

子どもの頃はわけもなくいじめた。夏の川原で子どもたちに見つかったヘビは哀れであった。ボロボロになるまで石をぶつけられた。子どもも殺す理由は何もないのだ。理由はただヘビだからである。

ヘビは身近にいる生き物の中で際だって異形である。手足がないのが決定的である。同じ仲間の爬虫類は手や足があるからヘビほど嫌われない。ＣＭにもなる。

そして長すぎる。長いが故にクネクネとうねらせて進むあの動きもヘビ嫌いにとっては嫌悪の対象である。棒のようにズーッズーッと進むなら許してやろうという気にもなる。

テンカラに行きたいけれどヘビに出合うのが恐ろしい。でも、振りたい。この狭間で悶々としている人がいる。ヘビ嫌いはかねがね聞いていたがこれほどとは。

夏のある渓流に入ったときのことである。後ろを歩いていた彼が突然、「ギャー」と瀬音もかき消えんばかりの大声を出して対岸の崖をバサバサと駆け上がった。目をひきつらせて白泡のアタリを指さしている。顔面は蒼白である。

指さす先には死んだ青ダイショウが腹を上にして浮いていた。それだけである。普通の感覚なら「ヘビが死んでるわ」ぐらいだし、第一、白泡の近くだから気がつかない。

どうしてそんなに目ざといのだろうか。そのわけはヘビが嫌いだからである。嫌いだからヘビを探すのである。出合うのが怖いのでヘビがいるんじゃないか、ヘビに出合うんじゃないかと、ヘビを探すことでかえってヘビを見つけてしまうという大いなる矛盾を実践しているのである。意識になければヘビなんて踏んでも気がつかないのだが。

運転していても実に目ざとい。これもある夏の日中、ダム湖の道路を運転していたとき、またしてもギャーと声を上げてハンドルを右に切った。一瞬、車は右にふられた。ガードレールもない湖畔道路である。寸前のところであわてて左にハンドルを切って転落は免れた。どうしたのと聞くと「ヘビ！　ヘビが道路に」

振り向くと、ちょうどヘビぐらいの長さのロープが1本ころがっていた。表彰状もののヘビ嫌いにとってはロープもヘビに見えてしまうのだろう。危うくロープ1本で2名転落になるところだった。

たしかに道路を横断するヘビは困りものである。ところ構わずクネクネと車の前に出るものだから踏んでしまうのだ。ゴトッというロープを踏んだような感触があってしまったとバックミラーを見ると、グルグルのたうち廻っている。気の毒だが仕方がない。第一お前は長すぎる。縦になって渡るとか、旗を持って横断歩道を渡ってほしいものだ。

渓流ではやはりマムシが怖い。乾燥した温かいところが好きなようで、岩場やガレ場で見かけることがある。ガレ場に手をかけながら上がるときが怖い。思わず上にいないようにと願ってしまう。このとき指先を噛まれるのではという心配が常にある。

マムシも結構身近にいるヘビである。え？　こんなところにと驚いたのは近所の自転車専用道路である。散歩する人、通学する生徒、犬の散歩で頻繁な川べりの道路である。

夏の朝、道路の真ん中の黒い塊に気がついた。自転車も散歩する人もそれを踏まんばかりにすぐ横を通りすぎていくが気がつかないようだ。近寄って見ると何とマムシが蚊取り線香ほどのトグロを巻いているではないか。ハマムシだが「毒があるのをいいことに道の真ん中でトグロを巻くなどふとどきな奴、オシオキだ」と危害を加えてやったことは言うまでもない。

気がつかないだけでマムシも結構身近にいるらしい。豊田市の北部のあたりはかってマムシ捕りが猟場？　にしていたほどいたらしい。マムシ捕りには「あそこにいる、ここにもいる」と見なくてもわかるそうである。何事も知らぬが仏、気がつかないのが一番である。

ヘビの行動で面白かったことが二つ。その一つはこれも季節は夏、鮎の川原でのことである。川原に降りていく砂場に青ダイショウの胴体だけが目に入った。頭を砂に突っ込んでいる。近づくと砂から引き抜いてササーッと一目散に草むらに逃げ込んだ。おかしなヘビと思ったが、しばらくして再び通りかかると同じヘビがまたまた頭を突っ込んでいる。

ひょっとすると「裏の畑でポチがなく、ここ掘れワンワン」のヘビ版ではないかとさっそく掘ってみた。20センチほど下には卵が数個埋まっていた。プヨプヨの白い円筒型をした卵である。ヘビの卵か、あるいは亀か。いずにしてもよく埋まっているのがわかるものである。

さすが蛇《じゃ》の道は蛇と言われるだけのことはある。追っ払われても食いに来るという執念深いところが嫌われる理由の一つかもしれない。

二つめは青ダイショウもガラガラヘビだとわかった出来事。これも自転車道でのことである。青ダイショウがクネクネと道路を横断しているのを犬が見つけ草むらに追いつめた。ヘビは逃げられないと観念したのか、犬に向かって鎌首を上げ、首をSの字に曲げて攻撃態勢をとった。

そのとき尻尾を真っ直ぐに立て震わせたのである。音はガラガラではなく、かすかにシャラシャラと聞こえる。威嚇の行動である。

これは青ダイショウと犬の決闘が見られるかと期待した。犬も好奇心と警戒心から攻撃、防御のどちらもできる体勢で構えている。２匹が目線を合わせた膠着状態は約10秒。

やがて犬が困ったように「どうしようか」と私の方を見て２匹の目線が逸れたのをキッカケに、ヘビはクルッと向きをかえて草むらに消えたので世紀の決戦は血をみることなく終わった。青ダイショウも尾を鳴らすらしい。

テンカラ・オノマトペ

おしなべて釣りは感覚の産物であるが、テンカラはことのほかそうであるように思う。

春の風がサワサワ吹いている。キラキラする水面に目を凝らすと、薄茶色の石の上にかすかな黒い影がユラユラ揺れている。アマゴだ。ときおりユラッと流れを変えながら餌を食っている。ゆっくりした動きから尺もの、それもかってない大物かもしれない。そうと思ったとたん胸はドキドキ高鳴り、竿を持つ手がプルプル震え出した。足はガクガク、フワフワして地につかない。口はベタベタ粘りつく。

ハァー、フーと大きく息を吐いた。それまでのザァーと流れる沢音、チィチィと鳴く鳥のすべての音が消え、シーンと静寂の時間が流れた。ドキッ、ドキッと心臓の鼓動だけが耳に聞こえる。ギュッとグリップを握った。ソロソロと近寄り、サッと毛バリを振った。ヒュンというかすかな音を残して、シュッと飛んだラインは毛バリを水面にスッと置いた。

その瞬間、アマゴはグラッと反転しながら一気に毛バリに出た。バシャ！　飛び散る飛沫がスローモーションに見えた。ガッと合わせた。ガシッと竿の音が聞こえた。ギュンと竿がしなり、アマゴは銀色の腹を見せながらグルグル、ギラギラ流れを下る。ギィーン、ビィーンする糸鳴を聞いたのは何年ぶりだろうか……。

ガッ、パッなどのオノマトペ（擬音語や擬態語）がとびぬけて多いのが日本語の特徴のようである。４５００ぐらいあるようである。英語は１５０くらいらしい。常用漢字は２１３６文字なので、その倍以上である。そんなにあることに驚いた。

状態や心の動きなどを音《おん》で表した言葉であるオノマトペを果たして翻訳できるのだろうか。拙書『超明快レベルラインテンカラ』はロシア語に翻訳されている。ウラジオストクのSergeyがロシアにテンカラを普及させるためにロシア人向けのテキストにしたものである。すべての言葉を翻訳していると思うが、翻訳が正しいかどうかはロシア語なのでわからない。紙はつやありの上質紙、写真はオールカラーである。Sergeyの話では発売以来、増刷を重ねているようである。

表紙に毛バリをパッと打って、ガッと合わせれば釣れるとある。Sergeyからパッ、ガッはどういう意味かと質問があったが、英語のメールのやりとりなのでうまく回答できなかった。そのためかロシア版には毛バリをパッ、ガッの部分がない。ロシア語ではこれを翻訳できないのかもしれない。

日本人なら情景がうかぶ。私たちはつくづく音と感覚の中で生き、感じることでわかりあえる民族なのだと思う。

天地人

渓流釣り、とりわけテンカラはつくづく天地人だと思う。天は天候、地は川、人は釣り人である。この３つによって釣れるも釣れないも決まる。天、地、人であり、この順で人知の及ぶところではない。

なんで雨ばかり続くのかと天を恨んでもどうなるものではない。地である川は増水や濁り、低水温などである。人は先行者であり、同行者である。

どうすることもできないのが天である。天候の急変が劇的に魚を活性し、沈黙させることを経験した。そこはよく行く岐阜県の渓流で、渓流に沿った道から下車３分で竿が出せ、大きな岩や石もなく遡行が楽な渓相である。

川原がたっぷりあるのでキャスティングに気を使うこともない。今日はキジの逆さ毛バリ一本で通すOさんと一緒に、交互に釣りながらの遡行である。

天候が急変することはわかっている。今は10ｃｍ以上の渇水である。岩にはペンキで書いたように白い平水線がくっきり。このあと雨は避けられない。

予感は的中である。まったく活性がない。ときおり毛バリをつつくのは10ｃｍあるかなしかのサヤエンドウである。ダメだね、とOさんにアイコンタクト。

雨がポツリ、ポツリ。合羽は着ていないが大したことはない。やがて雨足は次第に強くなり、水面にはっきりと波紋を描くようになった。シャツは肌にぴったり張り付くようになったが、暑がりの私にはむしろ快適である。

気がつくと10ｃｍほど水位が上がって平水線近くなった。山でかなり降ったのだろう。それを合図にしたかのようにヤマメが掛り出す。サイズは20ｃｍを超えるくらいである。

どこを打っても反応する。教科書どおりに毛バリを追って反転する。水面に飛び出すのもいる。ガッチリ掛かる。おまえたち、今までどこにいたんだ。

Oさんも入れ掛りである。普段はほとんど反応のないチャラ瀬で入れ掛かっている。普段は反応がないだけで魚はいるのだ。

何をきっかけに活性するのか。ハッチはないので水生昆虫の流下に反応しているのではない。

２人の競演は20分ほど続いたが、これも突然のようにピタッとアタリが止まった。

この体験はいかに魚が天候にコントロールされているかを改めて知るものとなった。活性のないとき、毛バリを換える、ビーズヘッド毛バリにするなどの人知が及ぶのはわずかである。だからこそ、天候、水況、水生昆虫の活性などの自然を見る目が必要になる。

雷雨で活性することもある。梅雨に入り、雷雨が毎日ある頃である。この日は女性も一緒である。経験者だがこの渓流が初めてとあってこれまでボウズで少しションボリ。

今は晴れだけれど雷雨は避けられない。「大丈夫だよ。雨が降ったら活性するから釣れるよ」と声を掛ける。案の定、激しい雷雨で一時、退避。雨が上がるとそこかしこでアタリが出て女性も数匹のイワナを掛ける。「雨の後、釣れる」という予言はホントだったと驚く。

地元、段戸川でのこと。放流地点の魚の状況を調べに２人で入る。今は晴れだが前線通過で雨が降るのは確実である。放流地点に向かって遡行する。いつもなら浅瀬でカワムツが出るがカワムツも出ない。ましてやアマゴも。

「カワムツも出ない、どうしたんだろう」なんて言葉を交わしながら毛バリを振る。晴れから曇りに、やがてそれまでのポツ、ポツの雨が間断なく水面を叩くようになった。キタァー、急いで合羽を着る。

すると、それまでウンスンだった流れで入れ掛りになる。いつもなら１匹釣ったら出ないような瀬で何匹も出る。一歩も動かないで同じ流れから出る、出る。大胆に毛バリを追うのが見える。ハッチが急に始まったわけではないのにどうしたのか。わずか30分ほどであったが2人とも10匹は超えた。やがてアタリは遠くなり、再びいつもの流れに戻った。

このような経験は長い間にたくさんしている。いろいろなことが想像できる。

・天候が急に変わることによる気圧の変化
・雨により水温がわずかに低下する
・雨が水面を叩く刺激で活性する

こればかりは魚に聞いてみなければわからないが、聞いても答えてくれない。共通していることは雨の日ではないことだ。雨の日にさらに雨が降って活性したのではなく、晴天↓曇り↓雨に短時間で変化していることである。すると気圧の変化かもしれない。しかし、活性は長くは続かずせいぜい30分くらいで元に戻る。人知の及ばないことばかりである。

殺気と釣気と集中

ゴロゴロ……「パッカーン」

やったぜ、またストライクだ。おいおい、どうなっちゃったんだよ。あれよあれよという間に

１８９点で１ゲームが終わった。ボウリング部の顧問だったときのＯＢ戦でのことである。「先生は顧問なんだから練習に来て下さいよ。コモーン」なんて寒いギャグを学生が言うはずないが2年ぶりのボウリングである。こんな調子で２ゲーム目は１８８点。さすがにテンカラ竿より重いものを持ったことのない身体では、つけもの石を何回も投げる手がシンドクなって３ゲーム目はスコアが落ちたが、それでも１６９点である。どうしちゃったのよ。

理由は簡単。前の晩のことである。酒の席でたまたま横に座った人がスポーツ心理学の先生で、自身ゴルフがたいへん上手い。そんな関係でプロゴルファーの心理カウンセリングもしている。

「いやぁ、インフルエンザで寝込んでしまって。多少よくなったので、まぁ途中でリタイアしなければいい程度で軽い気持ちでラウンドしたんですよ。そしたらなんとハーフで34ですよ」

「え、えー。34！　プロ顔負けじゃないですか」

「そうなんですよ。自分でも信じられなくて。結局、70で廻ったんです」

「どうして急にそんなことが」

「まぁ、最後まで廻れればいいやって、力まなかったからでしょうか。でも自分も心理学者だけど不思議ですね」

昨晩のこの話をボウリングの１投目にフト思い出したのだ。まぁ、軽い気持ちでいこう。

それから２週間ほどたったある川でのこと。やる気満々である。でも全然出ない。ここで出なけりゃどこで出るというポイントでもぜんぜん。そこにFさんがやってきた。

「仕事どうしたの、今日は平日だけど」と軽いジャブ。

「Fさんの息子さんて野球がうまいんだってね」

「ええ、上手いです」

しばらくこんな話が続いた。ふと流れに目をやるとアマゴがクルッと反転するではないか。コツンと合わせる。20ｃｍサイズだ。

「すると将来はプロ野球だね。左うちわでテンカラできるじゃない」なんて話をしながら水面に目をやるとまたまたアマゴが。オイオイどうしちゃったんだ。

「高校はどうするの……」なんていいながら水面を見ればまたまたアマゴがクルッ。これで一歩も動かず3匹。

急に釣れだしたのだ。水温が上がって活性が高くなったのだろうか。これから釣れそうだ。やるぞと燃えてきた。

ところがぜんぜん。不思議なくらい出ない。あんなに簡単に釣れたのにやる気を出したとたんにパッタリである。釣るぞとやる「気」を送ったのでアマゴも気おくれしたのかもしれない。

殺気という言葉がある。辞書によれば殺気は人を殺そうとする気配。はげしい敵意に満ちた気分であり、「殺気がみなぎる」などと使われる。

殺気があるなら釣気（ちょうき）もあるだろうか。辞書にはない。なんとしても釣りたい強い気持ち（釣欲）は誰にもあるので、釣気は釣欲が出ている気配とでも言えばいいだろうか。

釣りたい気持ちに反して釣る気がまったくないとき釣れることがある。毛バリを垂らして上流に歩いていたら、グッと引かれた。ナニ！　と振り返ればアマゴが食っているではないか。なんと今、歩いてきたところなのに。誰しもこんな経験は一度ならずあるだろう。

無心とか無欲ということが言われる。何も考えない状態で行うことだろう。一瞬のうちにことが決まるものは特にそうだ。

かって少しゴルフをやっていたときのこと。無心ということをよく言われた。「アドレスしたら何も考えるな。スッとクラブを振るだけでいいんだ」わかっている。何も考えるな。アドレスする。「考えるな、考えてはダメだ。何も考えていないぞ。よし！」ゴチン。ボールは足もとをチョロチョロ転がっている。「考えるなと考えている」のだから無心への道は遠い。

スポーツでは力まず、無心のときこそいいプレイができる、いいフォームが身につくとする伝説がある。プロ野球には、ある選手が前の晩に酒を飲んで二日酔いでベロベロになった状態で打席に立ったら、その日はホームランを連発したなどという豪傑伝が残っている。

この手の話は誇大に言い伝えられる。たまたまそんなことがあった？　だけで酒を飲んで打てるなんて漫画の世界だけだ。こんな話を先輩から聞かされる選手もいい迷惑だろう。

昔、大学時代のバレーボールのときのこと。スパイクのフォーム矯正で先輩から猛烈にしごかれた。立てなくなるまでスパイクを打ち続けるのだ。もうダメという状態で真にいいフォームが身につくというのである。

ヘロヘロ状態で打ったスパイクに「それだ！　そのフォームだ。今のフォームを忘れるな」の先輩のアドバイスがとんだ。私はもう疲労困憊、半死半生で自分がどんなフォームで打ったかなんて憶えていない。ただただ早く終わってほしい、この苦痛から逃れたい一心である。だから、この練習でフォームが良くなったとは思えなかったし、その後に役だつこともなかった。今は苦痛の記憶として残っている。

集中しろ！　と言われる。「集中！」なんて大声で言われると誰もが背筋をシャンとのばして、目をカッと開いたりして、いかにも集中しているポーズをとる。サルだって「反省！」と言われれば反省のポーズをとる。

スポーツ心理の先生の話では集中するとはリラックスすることらしい。リラックスすると集中するという。集中しなければと思うことで肩に力が入り、背筋がピンと伸びるのは、集中ではなく固くなることだという。固くなるとギクシャクする。

「あと1匹釣ったら終ろう」この1匹の長いことは誰でも経験がある。さっきまで釣れてたのにどうしたのだ。集中だ、釣るぞ、釣らなければと思うことでかえって不自然になるのではないか。

魚にとって自然な毛バリはハリスがなく流れるバリである。先のＦさんとの話の間、３匹釣れたのは毛バリの動きを意識しておらず、何もしなかったため、それが自然な動きだったからではないだろうか。

つまり、食え、食え、虫だぞ！　と「意識」して食わそうとしても魚はそれを不自然と感じるのではないか。だから無心で毛バリを振ればいいのだろうが、そんなことは無理。「釣る気なんかないんだからね」と毛バリを振ってもすでに「気」を送っている。無欲、無心のとき釣れるとすれば境地に達する道は遠い。

理想のテンカラ竿を求めて

テンカラに求められる竿は魚（ヤマメ・アマゴ、イワナ、ニジマス）と源流、渓流、本流のフィールドによって違っている。これらのニーズにあった竿はどのような竿がいいかシマノ・アドバイザーとして考えてきた。当然ながら誰をも満足させる竿はないが、この竿に出合ってよかったと思う人を増やしたい。

テンカラの特徴は１日で数百回、ときには千回以上も竿を振ることである。こんなに竿を振る釣りはほかにない。そのため１日振っても負担のない竿でなければならない。

まず軽いことである。よくこの竿は自重70gでこちらは75gだからと自重で比較してしまうが、5gの差よりも竿を伸したときのカウンターバランスがどこにあるかである。手元にあるほど軽く感じる。自重は軽くても伸したら重く感じる竿があるのはこのためである。肉厚を薄くすれば軽くなるが折れやすい。よく折れる竿は竿の評価として致命的である。

今はレベルラインが主流である。軽いレベルラインを振るには胴に乗る6：4調子が適している。バックキャストで竿がしなり、竿のしなり戻しのパワーによりラインが飛ぶからである。硬くてしならない竿はレベルラインに向いていない。ヘナヘナの竿では遊びが多くキャスティングがブレ、取り込みのとき竿がクルクル回ってしまう。キャスティングの振動で揺れが収まらない竿はラインも振動する。

テンカラ竿には3つの役割がある。振り込み、合わせ、取り込みである。この3つを満足させる竿を考えてきた。ときに千回以上振るのでその中でもまずキャスティング重視である。

そのためには単なる軽い竿ではなく「振り軽い」ことである。それには風を切るときの空気抵抗（風切り抵抗）を少なくすることである。竿を細身にすれば空気抵抗を減らせる。

アドバイスした竿の中で素晴らしい竿になったと自負するのが「渓流テンカラZL」である。これは2012年から発売されている。3・4m－3・8mのズームである。この2つの長さであればほとんどの渓流をカバーできる。

長く、太くなるほど風切り抵抗が強くなる。細身にすることで抵抗を少なくできる。「渓流テンカラＺＬ」は細くした分、仕舞い寸法が長くなったが3・６ｍの竿より10ｃｍ長くなっただけである。

1日振ると手への負担は大きい。コルクだとクッション性がないのでＥＶＡグリップを提案し、手にやさしい疲れの少ないグリップとなった。テンカラでＥＶＡグリップにした最初の竿である。なにより「渓流テンカラ」のネーミングの提案が採用されたのはうれしい。一度聞いたら忘れない「渓流」のネーミングはプロモーションに必要と思うからだ。

渓流テンカラはテストに2シーズンかけている。シマノの竿は時間をかけて作っている。渓流テンカラのコンセプトがベースになりＰａｃテンカラ、本流テンカラ、ＢＧテンカラに引き継がれている。渓流テンカラは２０１２年の発売以来、ずっと安定的に一定の数が出ている。これはこの竿の評価が高いからと思っている。

シマノでは短いテンカラ竿は出さないし、私も提案しない。短い竿を使えるフィールドは小沢であり、そこは魚の産卵場所になる可能性がある。

ＹｏｕＴｕｂｅでは小沢、チョロ沢のテンカラが多いのはポイントがわかりやすくヒットシーンが確実に撮れるからだろう。撮影者はリリースしても皆がするわけではない。短いテンカラ竿を出すことはそこで釣りする人を増やし、魚の減少に手を貸すことになるからだ。

１本売れるといくら入るのですか？　とよく聞かれる。聞かないまでも思っている人は多いだろうがお金は関係しない。こんな竿がほしかった、この竿でテンカラがうまくなった、この竿に出合ってよかったと思う人を一人でも増やしたい。そんな思いでＰＲしている。

ラインはソフティライン

フジノラインのアドバイザーになり理想のラインを考えてきた。現在はフロロのレベルラインが主流である。レベルラインはテンカラランインとして優れているが、太いほど巻きグセ（カール）がとれないという弱点がある。

巻きグセがあると空気抵抗が大きくなるのでキャスティングに影響する。このためその都度、巻きグセを取らなければならない。これは結構面倒である。なかにはカールをとることを知らずにカールしたコイルのようなラインを振る人もいる。

細いほど巻きグセは少ない。例えば２号であればほとんどないが細いラインほどキャスティングは難しくなり、かつ細くなるので視認性が悪くなる。

そこで巻きグセのつかないラインとして「ストレートライン」を考えた。ポリアリレートの素材をメインラインとして視認性のいい黄色に着色したものである。メインラインは伸びがないの

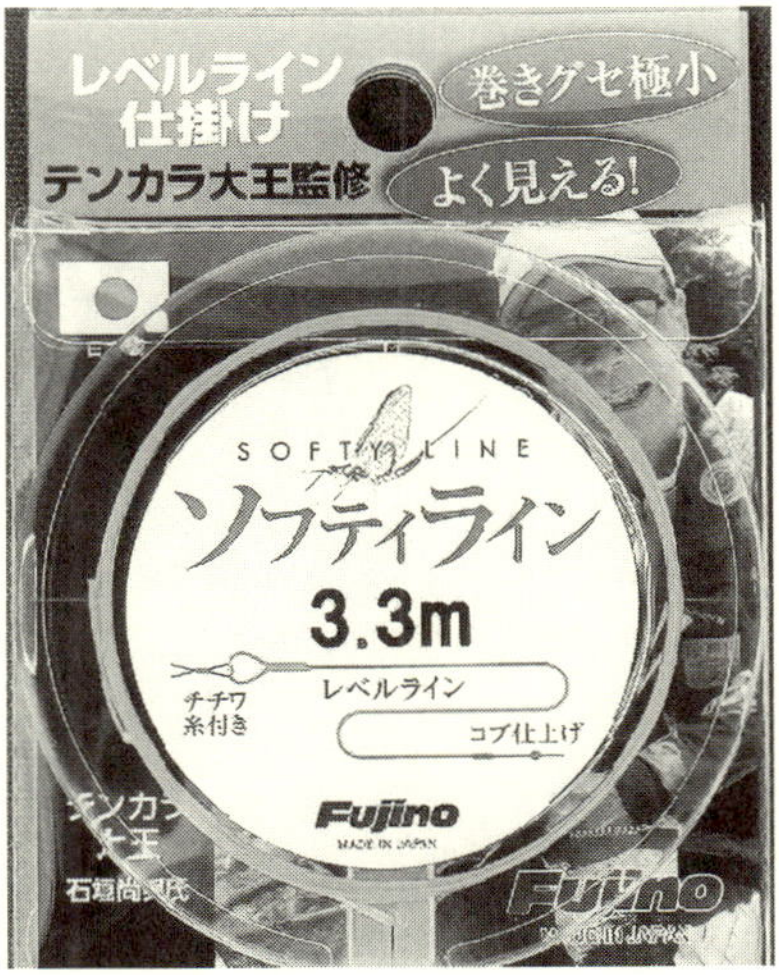

でショックリーダーとしてナイロン30ｃｍの組み糸をマーカーとして付けた。マーカー部分に水が浸透し、先端が重くなることで飛ぶ理屈である。

「ソフティライン」を監修して２０２４年から発売している。フロロでなくても適正な太さであればナイロンでも飛ぶのではないかと考えフロロカーボン３号相当がベストであることを導き出した。

ナイロンの特長は着色が簡単にできることである。このため極めて視認性のいいオレンジ色のラインとなった。明るいところはもとより、逆光、薄暗い中でも見やすいラインである。

ナイロンのもう一つの長所はしなやかさと伸びがあることである。このためソフティラインは巻きグセがほとんどつかない。さらにフッキングの際、ラインがわずかに伸びることで合わせ切れを少なくする効果もある。これから始めようとする人に薦めたい。

キャリアにとっては使い慣れたラインが一番であるが、ソフティラインを使ってみるとその良さがわかり、テンカラがより楽しいものになるに違いない。キャリアにも薦めたいラインである。

固着のなおし方

テンカラ竿のトラブルでよくあるのが固着である。固着の原因は伸ばすときギュと引き出してしまったこと、木に掛かった毛バリをとろうとして竿をまっすぐ引っ張ったこと、雨に濡れたり、水に漬けてしまったことによる。

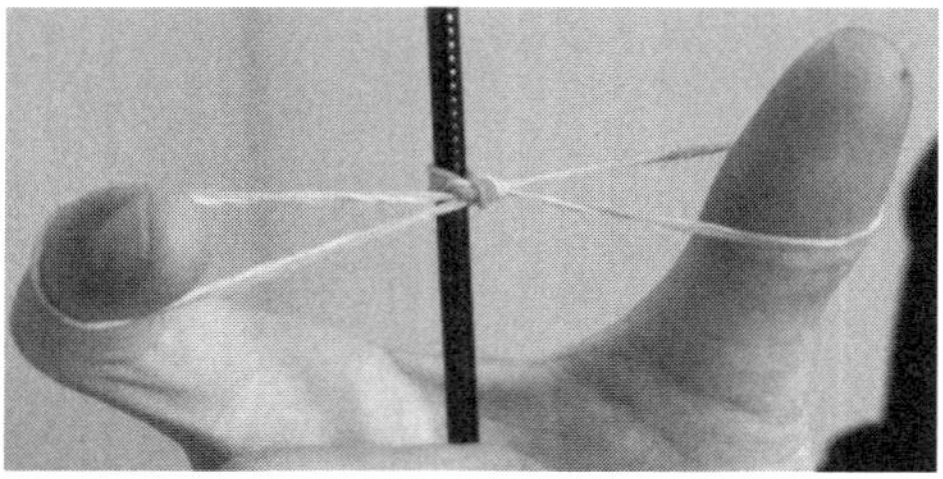

雨の日には固着することを頭に入れて竿を緩めにしておくといい。竿をねじりながらギュッギュッと伸ばす人がいるが、雨の日にはたちまち固着してしまう。

さて、固着したらどうするかである。いろいろな方法がある。固くなっているのでダジャレでほぐす手がある。「こちゃくな奴め」しかし、寒いダジャレでかえって固まってしまうおそれがあるのでおすすめできない。輪ゴムを使った方法はまず間違いない。

・固着した2本の竿のうち、下の竿に輪ゴムを巻きつける。輪ゴムの太さは竿の太さによる。このとき輪ゴムがすべらないようにしっかり巻く。
・輪ゴムを親指と人さし指に掛ける。
・上の竿を上に引っ張って垂直に落とす。

つまりゴムの力でスピードをつけて落下させるわけ。何度もコンコンやっているうちに緩んでくる。まずこれで１００％うまくいく。注意点として竿を十分乾かすこと。濡れている竿は効果がない。硬い平らな石や床に垂直に落とす。豆腐に落としてもうまくいかない。斜めに落とすと竿が欠けることがあるので注意。

釣りはスポーツか

餌釣りの場合、満足するのは平均22匹（成魚放流）という調査結果がある。このデータから餌釣りの宿命を思った。私もテンカラ一筋になる以前は、餌釣りも渓流ルアーも経験している。餌釣りにのめりこんでいる頃は、今のような成魚放流はなかったので22匹などとてもとても。多くは望めなかったがビクを重くしたこともある。左腰のズッシリ重いビクに深い満足を覚えた。

家族に自慢し、ご近所に配り、オタクのご主人はという話を家内から聞いたこともある。あるときテンカラに偶然めぐりあい、テンカラの面白さに触れるにつれ次第にテンカラ一筋になっていった。

私の経験からすれば餌釣りは多少、釣れた程度では満足できない釣りである。なぜなら釣れて当然の常食の餌、そこにハリをしのばせ、細いハリスを使い、錘をつけ、定位している魚の前に餌を送り込む。餌には常食の川虫のほかにミミズやイクラといったコマセ効果のある餌もある。

正直いってこれで釣れないわけがない。言い換えれば餌釣りはいかに効率よく、たくさん釣るかを工夫してきた釣りである。釣れてあたり前の仕掛けや餌なのだから、釣れなければ満足できないのは当然である。釣れなくても仕方ないという「遊び」「ゆとり」がないのである。

これに対し、テンカラは真逆である。偽ものの毛バリを使い、錘も目印もない。仕掛けの長さにしてもしれたものだ。これで釣ろうというわけだから最初からハンディを背負っている。逆にハンディがあるからこそ、釣れたときの喜びは何倍も大きい。

偽の毛バリで釣るのは面白い。だまして釣る楽しさは本能的なものではないかと思う。子どもの頃の遊びの多くはだます面白さと、だまされてしまった照れくささ、その裏返しである楽しさである。

テンカラの面白さは毛バリという偽の餌でだます子どもの遊びの延長にある。銀行で偽札を使えれば最高に面白いだろう。偽ブランドを本物といつわって売る業者もひそかな面白さを感じているかもしれない。

ときどき釣りはスポーツかと思うことがある。スポーツフィッシングの言葉もあるが釣りははたしてスポーツなのか。

野球やサッカーのような勝負をイメージする人からみれば釣りはスポーツじゃないという人も

いるだろう。しかし相手と闘わないスポーツ、たとえばスキューバダイビング、スカイダイビング、登山などあるから、釣りだってスポーツだという人もいる。

スポーツの定義のなかに五分五分がある。相手がある場合、五分と五分というのが条件である。どちらかのチームや個人が有利なルールはありえない。それとフェアであること。ドーピングはアンフェアである。

釣りの相手は魚である。絶対的に釣り人優位に立たず、魚にも逃げるチャンスを与えなければスポーツとはならない。そのように考えれば釣りはスポーツではない。

しかし、手前味噌だがテンカラは偽物の毛バリで釣り、魚にも偽物と見破るチャンスがあるからスポーツに近いかもしれない。どうでもいいことであるが。

魚が毛バリをくわえようとする瞬間はドキッとする。キャリアを積んだのでドキッとすることも少なくなったが、それでも尺ものがヌゥーと顔を出せばドキッとして心臓はバコバコになり、ドキドキが静まるまで大きく肩で息をつく。

なぜドキッとするかといえば一瞬だから、不意だからである。後ろから、ワァ！　と大きな声をかけられれば誰でもドキッする。平常が破られた瞬間はストレスがかかる。

お化け屋敷は軽いストレスの体験ツアーである。出ることがわかっていても、出るのではないかという不安と期待がある。「出たぁ！」ドキドキはしばらく間をおいて心地よい快感に転化し、楽しかったねとお化け屋敷を出る。

テンカラは出ることへの期待と不意に出たときのドキッ！　を味わい、それが楽しさに転化する釣りである。

釣欲を100とすればテンカラはだます楽しさ、ドキッとする刺激で70が満たされ、魚を手にする満足度はせいぜい30である。このため魚を手にしなくても満足できる。釣れてあたり前の餌釣りは魚を手にしなければ釣欲は満たされない。

欲には限りがない。最初はビクの底の数匹が、そのうちビクで腰が重くならなければ満足できなくなる。これは釣れてあたり前の餌釣りの宿命である。

渓流の生産性は極めて低い。稚魚を放流しても釣りの対象になるのはせいぜい1％という。それも根こそぎ釣り師の手にかかればサラッといなくなる。魚がいないじゃないかという声に漁協は成魚放流でお茶を濁す。

赤子の手をひねる成魚なら22匹釣らなければ満足できない。天然魚（野生魚）にもそれだけの釣果を求める。かくして天然魚も根こそぎの悪循環のスパイラルである。

釣れても釣れなくても十分面白いテンカラを普及させればこんな悪循環から抜け出せるのではないかと思っている。淡い期待かもしれないが、こんなに面白い釣りを知ってよかったという人を増やしたい。渓流釣りの半分をテンカラにというのが私の夢である。

木曽のテンカラ師

あるルアー・フライ専用区ができたとき、テンカラは禁止らしいという情報が入った。さっそく漁協に電話して理由を訊ねた。漁協の方は丁寧に説明をしてくれた。いろいろな事情の中で、要はテンカラと餌釣りはゲームフィッシングとしてみなさないからと解釈した。

つまり餌釣りもテンカラも漁獲を目的とした釣りであり、趣旨にそぐわない釣りと判断し、ルアー・フライのみとしたと思われる。餌でもテンカラでもゲームフィッシングを心がけている人たちがいることは知っているが、どこかで線を引かなければならないので、ルアー・フライで線を引かせてもらったという説明であった。

テンカラが漁獲性の強い釣りとはとても思えない。しかし、かってはテンカラ漁獲を目的としたおよそゲームとはほど遠い釣りだったことは木曽で出合ったあるテンカラ師の釣りから垣間見ることができる。

ある年の6月、長野県木曽川の支流でのことである。遠目にみて明らかにテンカラとわかる釣り人がひっきりなしに竿を振っている。土手には彼の車と思われる軽四輪のトラックがある。多分、地元の人だろう。橋の上の私の存在にまったく気づいていないようだ。

じっくり彼の釣りを見ていた。ちょうど対岸の柳の下を打っているときであった。3・3ｍくらいの軟調だが太めの竿と、それよりやや長い仕掛けのようだ。跳ね上げと振り込みのたびに竿はしなやかな円弧を描く。

驚くべきは打ち込みと跳ね上げのリズムである。規則正しくイチ、ニッの一定のタイミングで跳ね上げ、うち返す。時間にすればイチ、ニッで2秒とかからない。川面に20ｃｍ四方のマスでも書いたように、そこをまったく隙間なく打つのである。

彼は柳の下をしばらく打った後、今度は右に向きを変え、浅瀬に毛バリを打ち込み始めた。そこは誰もが歩く足首ほどしかないところだが、シラミつぶしに隙間なくもれなく打つ。これを繰り返していた。

これが叩きという釣り方なのかもしれない。私はしばらく眺めていた。私が見ている間に魚は掛からなかった。

かねての狙いで夕方の時合いは本流である。そこは黒川の合流点よりやや上流で、両岸は道路。しかも片側は国道19号というおよそ釣趣にはほど遠いが大物の実績があるところである。荒瀬からトロにかけてが１００ｍ近く続き、中ほどには大石がいくつも沈んでいる。

浅瀬に毛バリを打ったがまた早いと判断して土手に腰掛けた。そのときである。パターンとドアを閉める音がしてルアーを持った人が土手から顔を出した。

私と目が合うとつかつかと寄ってきて「テンカラかね」と言った。自分がルアーで攻めようとしていたところに私がいたので気分を悪くしたのかと思ったが、そうではないようだ。

私の横にすわり「釣れたかね」と言ったのが話のキッカケだった。あ、この人は昼間みた人だ。

「おたくはテンカラの経験が少ないようだが」から始まり、「ライズを待っているようだし、ラインも長いし、フライのようなテンカラをやっているけど、それでは釣れない……」と話は続く。

この際、私はテンカラ初心者ということにして彼の話の聞き役に徹した。

「魚の習性を考えてみればいい。夕マズメの時合いに魚が効率よく餌を捕るためには浅いところの方がいいんだ。浅ければ魚は動かなくてもいい。ちょっと動くだけで餌が次から次に捕れる。だから夕マズメは魚はそういうところに集まるから、そこを狙わなければ。おたくが狙っているようなトロ瀬じゃ数は出ないわな」

「じゃあ、ここではどこがポイントになります?」

「そうだな……」と言って下流にある橋の前の浅瀬を示した。

「あそこなら橋の明かりがあるから、今なら夜の９時頃まで釣りになるかな」

夜釣りでテンカラをやるのかもしれない。

「テンカラは魚に合わせたらダメなんだ」

「どういうことですか?」

「おたくがやってるテンカラは魚が出たから合わせることをやってるけど、これはフライの釣り方だね。テンカラはバンバン打つんだ。イチ、ニッという感じで打って跳ね上げれば、跳ね上げるときガツンと来るからそれで掛かるんだ。夕マズメの時合いになればいくらでも釣れる。竿もおたくの使ってるような硬い竿ではダメだね」

私は毛バリに興味をもったので毛バリに水を向けてみた。「毛バリかね」といって、真っ黒な毛バリを2本くれた。8番ぐらいのマスバリに、黒いつやのある羽根を極端な逆さに巻いたもので、胴にはプードルのように黒い玉がついたプードル毛バリである。

「毛バリはどっちみち見ていないから。これ一辺倒だ」

歳の頃は五十半ばをまわった頃だろうか。自分はこれまで600人くらいに釣りを教えたという。彼は教えるのが好きな、人のいい好人物のようだ。昼間はテンカラ、夕マズメはルアーに換えるところをみると、私のようにひたすらテンカラとは違ってそのとき釣れるもので釣るという考えのようだ。

木曽のテンカラ師に教えられた人にすればテンカラは漁獲の釣りと思うだろう。一旦、染みこんだ認識を変えるのは難しい。テンカラはそういう釣りという認識からテンカラ禁止となるのだろうが、そういう釣りをしている人は一部と思う。テンカラはゲーム性の高いことを知ってほしいものである。

自由な日本の渓流釣り

日本の川はいい。誰でも規則を守れば自由に釣りができるからだ。例外はあるが基本的に日本の川は河川法で「公」のものである。このため川遊び、川下り、魚釣りなど誰でも自由にできる。私の数少ない経験になるが日本のような国は少ないかもしれない。海外では所有者の土地を流れていれば川は所有者のもの、また川は釣りクラブのもののようだ。

イギリスでの経験。招待してくれた釣りクラブがここが自分たちのフィールドと案内してくれた川は泥炭地を流れているらしく、水の色は薄い醤油色である。彼らはワインレッドというがそのようにも見える。川は狭く、その日は蚊が多かった。お世辞にも素晴らしいフィールドとは言えない。

ある釣りクラブでテンカラのデモと講習を頼まれた。そこは会員制のクラブで通訳の話では入会金はなんと１５００ポンド（２４０万円）で、年会費が１０００ポンド（１６０万円）とのこと。しかも入会まで５年待ちらしい。

そして17ｋｍにわたってクラブの川のようだ。クラブメンバーは高齢の人が多い。それだけのお金を出せるお金持ちクラブなのだろう。一人一人に手をとり講習したがほとんど初心者である。おそらくクラブハウスに集まり紅茶を飲みながら歓談し、少し竿を出すサロンなのだろう。

当然、魚は一杯いる。ニジマスが列をなしている。先頭のニジマスがライズしているので一発で釣る。45cmである。

案内してくれた2人はここの川では釣りはできない。ただ特別に今日だけ釣る許可が下りた。2人はフィールドの違いに驚いたようだ。私たちには見えないがイギリスは階級社会なのだろう。その前日、グレーリングがいるから釣らないかという話があった。日本にはいないグレーリング。もちろんである。案内されたところもあるクラブの所有らしく、あなたはゲストだから釣っていいと言われた。ここも誰でも自由に釣りができないようだ。

小雨の日で川はカフェオレである。10cm沈んだら毛バリは見えない。金ビーズヘッドの毛バリで釣れた。グレーリングの匂いを嗅げという。タイムの匂いがするだろう。ちょっとタイム。いくら嗅いでも魚の匂いしかしないけど。

アメリカ各地で同じような体験をした。コロラドのダニエルの家から3時間の「Charlie Meyers State Wildlife Area」に行ったときのこと。乾燥した大地から絞り出したような川幅15〜20mの川が蛇行している。

すでに何人も釣りをしている。私たち5名の後に、ガイドがお客さんを連れてきた。川岸は踏み跡で道となっていて、踏み固められてテカテカに光っている。釣り人が絶えないのだろう。ダニエルに聞いた。道中、いい川がたくさんあるのに何故釣りしないのか。あれは人の土地だから釣りはできない。なんと！

ロッキーマウンテン国立公園でも釣りができるところが限られていた。ダニエルに案内された場所も踏み跡テカテカであった。その２日後、ある人が今度は俺が案内してやると連れていってくれたところは、なんと同じ場所で、同じ金網を開けて入った。釣りができるところは限られているようだ。

ニューヨーク州のキャッツ・キルに行ったときのこと。ダニエルも初めての土地で勝手がわからないので手頃な川で竿を出したら、たちまちピー！　出て行け。

キャッツ・キルのイベントで知り合った方が自宅に招待してくれた。奥さんが日本人で日本びいきなようだ。自宅前の川をさし、あそこからあそこまでは自分の川だから自由に釣っていいよ。

台湾の２５００ｍでニジマスを釣ったときのこと。そこは高原野菜を作っている土地である。経営者は台北に住む謝さんである。謝さんの土地を流れる川は謝さんの川で、謝さんの魚である。だから謝さんの許可がなければ釣りができないのだ。

ほとんど誰も釣りをしないので野生のニジマスはこんなに警戒心がないのかと驚いた。カリフォルニアのゴールデントラウトも全く警戒心がなかった。毛バリが落ちるとワッと寄ってきてパクリ。しばらく離さない。渓流魚の神経質な行動、警戒心は釣り人によるものなのだ。

韓国ではどこでも釣りができるように思ったが、北朝鮮まで20ｋｍ、地雷が埋まってるから道を外れるなの警告。緊張感のあるテンカラだったのでそれどころではなかったのが正直なところである。

日本は自由である。ルールさえ守ればどこでも誰でも自由に釣りができる。いろいろな問題はあるがこの点はすばらしいと思う。

野菜づくりは子育てに似ている

コスパの悪い野菜作り

33歳～58歳までの25年間、野菜を作った。当初、借りたところは約30坪。家庭菜園どころではなく畑である。この広さを耕すのは大変である。5年ほどして中古の耕運機で耕すようになり、鍬との違いを実感する。

25年の間に畑に家が建つなどして畑は小さくなり、最後は8坪の畑となった。腰痛が悪化し、一畝《うね》も作ることができなくなったのを機会に野菜づくりは終わった。

土地は大家さんが手入れできず、荒れ地にするより使ってくれたらと盆暮れのビール1ケースで借りた土地である。荒れ地なので石拾いから始めた。畝の作り方も、肥料のやり方もまったく知らない素人だったが、そこそこの土になり収穫できるまでに3年かかった。

動機は３人の子どもたちを野菜好きにすることである。「わぁ、お父さんの作った野菜」の声を聞きたいためである。お陰で皆、野菜大好きになったが子どもが独立して一人、また一人と家を出たころ、おりよく畑も小さくなり、やがて家内と食べるだけの野菜づくりとなった。

正直、野菜づくりはそこにかける労力と時間のコスパに見合うものではなく、買った方が安くつく。しかし新鮮な、今、穫ったばかりの野菜を食べることができるのはこの上なく贅沢である。野菜が育つのは子どもが育つのを見るようで楽しい反面、シンドイことの方が多い。農家の苦労は並大抵ではないとわかったのは野菜を作り出してからである。

雑草に負ける

野菜づくりは雑草との闘いである。土地が肥えるにつれ雑草も繁殖する。大学教員として平日は朝から夜まで休む間もなく働いて、畑仕事ができる時間はそれほどない。休みにはテンカラに行きたいが３人の子どもとの遊びや学校行事もある。そのわずかな合間を縫っての畑仕事である。何よりシンドク、面倒なのが雑草とりである。芽かきは必須である。雑草がまだ小さいうちに手でとるか、芽かきという農具で土とともに根を切る作業である。

あぁ、芽が出てる。芽かきしなければとわかっていても短時間でとるのはシンドイ。まぁ、次の休みにしようと見なかったことにしてしまう。ところが１週間たてばさらに大きくなる。さらにシンドイなぁと思う。わかっているけど次にしよう。

ついに一面、緑の雑草だらけである。ここまで来てやっと重い腰をあげる。雑草は深く広く根をはり、これを抜き、集めるのは芽かきするより何倍も、いや何十倍も苦労する。

1mの高さになる雑草の山があちこちにできる。わかっている。芽が出たときに芽かきすればいい。わかっていても見なかったことにするツケがこの山である。

雑草に負けたら野菜づくりはできない。面倒くさがり、ずぼらな人は野菜づくりに向いていない。転んでも起き上がるとき雑草を抜くくらいこまめな人向きである。

野菜づくりはシンドイけれど楽しい。野菜は裏切らないからだ。流した汗の分だけいい野菜ができる。野菜に声をかけるといいと言われたことがある。

おはよう、こんにちはの声かけではない。「どう？　元気？　いい子でいた？」なんて声をかけている人がいたらオカシイ人である。

水は足りているか、病気は出ていないか、虫はついていないかなど細かく目配りすることで野菜は育つ。ちょっとした目配り、気配り、手間をかけるだけでいい野菜ができる。子どもを育てるのと同じだ。

30坪も畑があると、あれもこれも作りたくなる。私の経験から誰でもできるのはサツマイモ、ジャガイモ、タマネギ、夏野菜である。肥料と土のかけ方に気を配れば簡単である。

ジャガイモはイモが土から出ると風邪をひくので土の布団をかけてやる。とくに秋ジャガ（秋植え）は冬を越すのでイモが出てしまうと凍傷になる。

タマネギも簡単である。タマネギは日持ちするし料理の使い道が多いので重宝する野菜である。調子に乗って白タマネギ２５０玉、赤タマネギ１００玉作ったことがある。５月が収穫どきで茎が折れたのが収穫のサインである。

この時期はどこの畑でも一斉にタマネギができるので販売所ではネット入り５ｋｇで１０００円程度である。こんなに沢山作ってもこの程度なのか。農家の苦労がわかる。

サツマイモができなかった年

サツマイモが作れない人は野菜づくりに向いていない。サツマイモは簡単につくれ、しかも強い野菜だからだ。サツマイモは肥料をやり過ぎるとラグビーボールサイズが出来てしまう。焼き芋サイズにはむしろ肥料は少ない方がいい。肥料の点でも手間がかからない。

サツマイモは強い。葉のついたサツマイモの茎を切って土に差し、水をやるだけでつく。根がなくても水があれば根をはやし生きていける。

このため江戸時代に救済作物として広まっている。青木昆陽のことは小学生で習った。ある日、小学校を青木君が欠席した。「青木こんよう」小学生の頃からダジャレを言う子どもだった。

サツマイモは強いがまったく収穫できなかった年があった。昭和の末ごろの夏。この夏はまったく雨がなかった夏で、釣り場だった岐阜県尾上郷の本流がバスクリン川になった年である。あの清冽な尾上郷に青藻が大繁殖しバスクリン状態。後にも先にもこの年だけである。

サツマイモがまったくできない。水は雨水なので畑はカラカラである。ゴボウのようなサツマイモが数本とれただけである。そうか、江戸の昔ならサツマイモができない日照りに打つ手はなく飢饉になっただろう。現代でよかったとつくづく思った年である。

夏野菜は簡単である。トマト、キュウリ、ナス、ピーマン、シシトウが代表的である。トマトは難しい。雨水が頼りなので水の管理ができないからだ。渇水のとき雨が降ると急激に水を吸うのでブチッと実割れができてしまい、そこから病気が出たり、腐り出すからだ。

プチトマトの方がいい。プチトマトは実割れしないし、初収穫のトマトはピンポン玉くらいのが秋田の竿灯のようにできる。粒は小さくなるが秋口まで収穫できるのもいい。

キュウリも簡単だがツルが巻くのでネットを張ってやらなければならない。初とりの頃のキュウリはまっすぐだが、次第に丸くなる。市場ではまっすぐなキュウリしか商品にならないので曲がったキュウリは漬物になる。

味は変らないので曲がったキュウリで十分だが、キュウリはまっすぐなものと思っている消費者にはダメなのだ。もったいない話である。キュウリは曲がるものである。

ナスもいくらでもできる野菜である。秋口に枝を刈り取ってやればそこからまた枝を出し秋ナスができる。ナスの花は綺麗である。

総じて、花壇の花より野菜の花の方が質素で、淡く控えめである。花壇の花の代表をバラとすればバラは「私、綺麗でしょ。見て、見て」とアピールしているように思える。香りも強い。西洋の濃厚な香水のイメージである。

野菜の花は「私を見て綺麗でしょ」とアピールしない。ナスの花は言うに及ばず、大根の花、菜の花、極めつけはオクラの花である。こんなに綺麗な花が畑作りの人に見てもらうだけでひっそり咲いて、そのあとに実を残す。野菜の花のそんなところが好きだ。

トウモロコシもキャベツも素人には無理

いろいろ作る中で、トウモロコシは素人には無理と思った。頻繁な消毒が欠かせないからだ。トウモロコシの中に虫が入ってから消毒してもフトンの上から薬を塗るようなものである。そうとも知らずトウモロコシの中は虫食いだらけ。さらに茎の始末が大変だった。トウモロコシの根は太く、深い。集めて燃しての作業が一苦労。もう金輪際作らないことにした。

キャベツも無理。キャベツの葉が丸くなり出した頃、どこからか蝶がヒラヒラ。匂いで寄るのだろう。キャベツの葉に卵を産む。気がつけばキャベツは青虫だらけで青虫にエサをやっているようなものである。

キャベツも頻繁な消毒が必要で、消毒しないなら手でとるしかない。こんなに頑張ってもスーパーで1玉200円程度で買える。ホント疲れるだけである。

果物はイチゴとキーウイを作った。イチゴはライナーというツルを伸ばし、その先に根を張るので、その根を植えると毎年作ることができる。ライナーはクローンなので同じ種類のイチゴである。

難しくないが天敵は鳥とナメクジである。赤く熟した実を鳥がつつき、甘い味でナメクジがなめる。ナメクジというくらいだからなめるのだろう。おおむね朝の9時である。ナメクジ。ナメクジが土の中にいるのを知ったときは驚いたが、毎年のことになるとナメちゃんにも分けてあげる余裕ができる。鳥にもナメクジにも食べられないイチゴを穫るタイミングは一期一会である。

キーウイがあんなに大きく育つとは思いもしなかった。ひょろひょろのオス、メス1本を買って植えたところ、育つ、育つ。棚が必要な木になりどんどん成長しジャックと豆の木。ついに4畳半くらいの棚になった。

モサモサになるので枝を切る。収穫する前に枝を切ると、切り口から樹液が止まらない。こんなに水を吸い上げているのだ。枝を切るのは冬である。キーウイの花を摘果しなければならないが、面倒だったので摘果しなかったらピンポン玉くらいのが４００個ほどできたことがある。

群れで育つ

野菜をつくる中で子育てと同じと思ったことが２つある。１つは甘やかせて育ててはダメである。

夏野菜は真夏には葉はしおれてクタッとなる。野菜も暑いのだろう。クタッとなるのは水が足りないに違いないと炎天下にセッセと水をやる。喜び、庭かけ回るのは犬で、野菜は喜びシャキッとなる。よかったね。ところがまたまたクタッとなる。これはイカンとセッセと水をやる。この繰り返しである。

あるとき、これを見ていた農家の大家さんから「あんたが水をやるので、この人は水をくれると思ってクタッとするのだ。水をやらないでおきな。それで育つから」と言われた。

そうか、野菜は人を見ているのだ。甘い人と思われている。そこからすべて雨水だけにした。クタッとしても雨の水でシャキッとなりいい野菜ができる。野菜も子どもも与えるのは足りないくらいがちょうどいい。

レタス、サラダ菜にも挑戦した。種をまけばびっしり芽が出る。芽は次第に大きくなり密集する。芽かきをしなければならないが、芽が小さいうちにひとり立ちさせては育たない。早すぎると根が張らず、雨、風に弱いので育たないのだ。

ある程度大きくなるまでは密集した群れでなければ。子どもは群れで育つのだ。しかし、あるところでひとり立ちさせなければならない。密集ではお互い大きくなれない。ひとり立ちするときには隣と余裕をもたせてやれば大きく育つ。

早くなく、遅くもない芽かきと、ひとり立ちのタイミングがわかるまで数年かかった。子どもは群れで育て、やがて独立させ親に依存させない。こんなことも野菜づくりから学んだようである。

小説　奥三河の毛バリ相伝

明治から大正にかけての三代にわたる毛バリ相伝である。

宇良谷

愛知県の奥三河に足助《あすけ》という小さな町がある。巴川と足助川が合流した平地にある小さな町である。足助川に沿って軒を並べた街並みが中馬《ちゅうま》街道である。町を臨む飯盛山からみた足助の町は、長良川と吉田川が流れを結ぶ郡上八幡の町を小さくしたようでもある。

中馬街道の通りを挟んだ一隅に数軒の塩問屋が軒を並べていて、栄えている塩問屋の漆喰壁はひときわ白く陽光に映え、大きな蔵も構えていた。街道を行き交う人や馬の往来は足助が塩の町として栄えていることを物語っている。

とは言え、まもなく名古屋から中津川をへて塩尻につながる中央線が開通するという話が足助にも伝わるようになり、そうなれば塩の町としての繁栄がなくなることは目に見えていて、今の勢いがやがて影をひそめることを町の人たちは薄々感じていた。

山間の地に塩の町。足助は矢作川《やはぎがわ》と巴川の船運により成り立っていた。江戸の昔から南信州は三河の塩に依存している。矢作川が三河湾にそそぐところの吉良《きら》は塩田で栄えた町である。吉良の塩を積んだ船は矢作川を上り、岡崎で巴川に入り足助まで塩を運んでいた。

足助で集めた塩は馬の背に振り分けられ、中馬街道を北上し、平谷村から飯田に抜けた。飯田からは天竜川にそって伊那街道をさかのぼり、馬の背に乗って信州塩尻まで運ばれていく。塩の着くところが塩尻である。

足助の町から中馬街道を北上し伊勢神の峠を越えたところに段戸川《だんどがわ》が流れている。源である段戸山は水系を分ける山である。降った雨が西に流れれば矢作川、東に行けば豊川の水になり、ともに三河湾に注ぐ。段戸山の山塊は深いブナの原生林におおわれていて、ブナ林からの水が段戸川の一滴となっていた。

段戸川の奥の奥、ブナの原生林を切り開いた開拓地が宇良谷《うらだに》である。そこには開拓に入った数軒の家があり、その一つがこの物語の主人公、鈴木雨男《あめお》の家である。

足助の町の賑わいも宇良谷には遠い地のことで鈴木の家も日々、生きるのに精一杯であった。明治天皇が崩御され、元号が大正になった話が宇良谷に伝わったのは崩御されて三月あまり過ぎた頃である。電気もないランプの灯りが頼りの暮らしでは噂が伝わるのもずっと後であった。

雨男は大正二年生まれの今年十六歳である。宇良谷の貧しい農家、鈴木の家の長男である。背丈はすでに父親を超えていた。日頃の百姓仕事で日焼けした顔から白い歯がのぞき、黒く日焼けした輝くような肌と、胸から肩にかけたがっしりした筋肉が健康な若者を物語っている。

雨男は小学校を出るとすぐに親の野良仕事の手伝いをするようになった。下に三つ違いの弟がいた。弟の名前は晴男《はるお》である。自分は雨なので弟は晴れにしたのだろうと思っていた。晴男も小学校を出たばかりの十三歳である。

宇良谷の田畑《でんばた》と言えばブナの原生林を開いて作った小さな田んぼとわずかばかりの野菜畑、それに一頭の馬がすべてである。それだけで一家四人がしがみつくように暮らしていた。開拓地だけに土地も痩せていて米も野菜もできが悪く、自給自足で食いつなぐのに精一杯だった。

宇良谷の冬はことのほか寒い。ときどき降る雪よりも、山陰《やまかげ》で陽の射さない底冷えのする厳しい寒さによるもので、それだけに春の訪れはひときわ待ち遠しいものだった。鈴木の家は二十坪あるやなしやの茅葺きの平屋である。陽光を少しでも採り入れようと南向きに縁側を設けていた。大多賀までは電気が来ていると聞いてはいたが、さらに奥深い宇良谷の暮らしはランプとロウソクである。夜明けは遅く、日暮れも早い山の狭間である。陽が射すのは昼間だけで陽が傾けば暗くなるのも早い。

夜はランプの灯りが頼りである。父親は暗いランプの下で縄をない、母親は手元のロウソクの灯りで縫い物をしてわずかな手間賃だが家計の助けになるようにと夜も働きづめだった。家を継ぐのは長男の定めであるが、働いても働いても貧しいこんな暮らしからいつか抜けて出てやると雨男は思っていた。

そんな宇良谷の暮らしであったが、どこかに楽しみを見いださなければ人は暮らしていけない。父親の名は竿次《かんじ》だった。なぜ竿次なのか雨男は聞いたことがなかった。宇良谷で生まれ、宇良谷で生涯を終えるのだろう。歳は四十を少し超えた頃であったが髪には白いものが混じり、脂っ気のない日焼けした顔には深い皺がきざまれている。

口数が少なく、うつむき加減の姿勢のうえに、いつも下に目をやるクセが日頃の仕事の厳しさと、先の見えない暮らしぶりを物語っているようである。

母親の名前は幸《さち》だった。親はわが子の幸せを望んでつけたのだろうが、幸せとはほど遠い暮らしである。竿次より二つ年下の母親は働きものだったが竿次にもまして口数の少ない人である。それゆえ会話らしい会話や団らんもなく、家は火が消えたようでそれも宇良谷の暮らしを寂しいものにしていた。

アメだ

そんな竿次の唯一の楽しみが毛バリだった。気晴らしということもあるが、むしろ竿次の毛バリは魚を肴に安酒を呑んで田んぼ仕事の疲れを癒やすためだった。

ときどき赤い斑点のある焼き魚が夜のおかずに出た。竿次が釣ってきたものだ。大きいのは竿次の酒の肴に、小ぶりの魚は母親と子どもである。雨男も弟もたまの魚を心待ちにしていた。竿次の毛バリで雨男の家では魚を食べることができるが、宇良谷で魚がおかずになる家はほとんどなく雨男の家は恵まれていた。

あるとき竿次に聞いてみたことがある。

「なんちゅう魚だ？」

「アメだ」

竿次はアメだ、というだけでそれ以上のことは言わなかった。この魚なら毎日、小学校の行き帰りに見ていた魚だ。あれはアメという魚だったのか。

雨男には小学校の行き帰り、川を覗くのが楽しみだった。段戸川にそって細い杣道がついていて、一時間ほど下ると大多賀という集落がある。その大多賀より少し上流に小さな建屋がある。二本の背丈ほどの石の柱が校門でそこが雨男の通った小学校である。民家のような校舎が一つだけ。校舎の前には鉄棒が一つあるだけの小さな運動場があった。

宇良谷から通う子どもはわずか三人である。宇良谷からは子どもの足で一時間余りかかる。学校の行き帰り子どもを先導するようにうさぎや狐が出るが子どもには慣れたことで特段驚くことではなかった。

春になれば山菜は道端にいくらでもあったが子どもらは誰も採らない。奥深い宇良谷まで採りに来る人はほとんどなく、ふんだんにある山菜も子どもらにとってはただの草にすぎなかった。子どもにとって嬉しいのは草より腹の足しになる実である。ヤマブドウやアケビを採りながら帰る秋の道草は雨男にはなにより楽しいものだった。

とりわけ段戸川を覗く楽しみが雨男にはあった。学校の行き帰り、あとの二人を先に行かせて雨男だけが決まって足を停める場所があった。そこは宇良谷から子どもの足で三十分ほど下ったところにある淵である。

左岸にある小さな家ほどの岩が流れをせき止め、そこから絞り出したようにドォ、ドォッーと音をたてて一段落ちた先に底深い青い淵がのぞいている。

淵に落ちたひとしきりの白泡がしばらくして細い筋となり、やがてポツ、ポツと消えるあたりは、拳くらいの石と小砂利のゆるやかなかけ上がりになっていて、清冽な水を通して大きなアメがいるのが決まって見えた。雨男にも優に尺はあることがわかる。

淵には無数のアメが泳いでいるが、雨男にはいつもかけ上がりのそいつに目が向くのだった。ときどきユラッと動いて口を開け、また元の場所に戻る。食った！雨男にも餌を食ったことがわかった。ときどき白っぽい羽虫が流れてくる。大きな口をあけると羽虫がすっと吸い込まれた。

アメが食ったあとには小さな波ができ、波の輪は大きな輪になりやがて消えていく。アメのうしろには数匹のアメが並んでいるが、まず先にそいつが食う。

雨男はかけ上がりのアメを見るのが楽しみだった。今日もいる。それだけで嬉しい。これは雨男だけの楽しみで、魚に興味のない二人には大きなアメのことを話したことはなかった。

竿次の仕掛け

竿次が毛バリを始めるのは宇良谷に遅い春が来て、新緑の木々にフジの花がまとわりつくように咲くのを見てからで、それまで決して竿を出さなかった。

「フジが咲いたな、毛バリだ」

この頃になると竿次がボソッと言うのを雨男は何度も聞いた。竿次の竿は真竹をナタで切って枝を払っただけのものである。長さは十尺くらいである。ナタで払った節を出刃で丁寧に削っていて、竿の扱いから竿次の毛バリへの愛着がみてとれる。

ニギリはつけない。ニギリは竹を斜めにスパッと切っただけの、そのまま土に刺せそうなつくりである。枝を払いそのあとを出刃で丁寧に仕上げるのに比べ、ニギリのつくりはぞんざいである。繊細なところがある反面、おおまかな竿次の性格を竿にみることができる。

青竹を切っただけの竿を竿次はすぐに使わなかった。一年寝かせておいたのがいいと雨男に言ったことがある。青竹は重いのと、釣っているうちにクセが出てひん曲がってしまうからダメだ、というのがその理由である。そんなわけで軒下にはいつも三本の竿が寝かせてあった。いずれも薄茶の枯竹である。ある日

「雨男、毛バリ、行くか?」

と声をかけて来た。代掻きの終わった日である。田起しした田んぼの水張りが終わり、あとは

苗を植えるだけとなった。暖かな春の陽気である。野良仕事が一段落してわずかな暇ができたからだ。はずむような声の調子から竿次の気分がいいのがわかる。

「アメか？　なら行く」

雨男はひたいの汗を手ぬぐいで拭いながらふたつ返事で返した。竿次が毛バリに誘うのは初めてだ。かねがね一緒に行きたいとは思っていたが、竿次が声をかけてきたことはなかった。誘うと言ってもちょっと歩けば段戸川である。いつでも毛バリはできるのに、なぜ連れていかないのだと思っていた雨男には竿次が声をかけてくれたのが心底うれしかった。

「雨男、お前ももう十六だが。二十歳になりゃお前も兵隊ずら。毛バリを教えたるが。兵隊にいきゃ、生きて帰れるかわからんからな」

竿次は軒下から竿を一本とって軽く二、三度振って「うん！」と言った後、縁側をさして座れと言った。二人は縁側に腰を下ろした。春の陽差しが二人を包んでいた。

竿次の教えは一つ、一つ丁寧だった。一つ屋根に暮らす親子である。これが今生のわかれでもあるまいし、口数の少ない竿次にしては珍しいと思いながらも竿次の言葉と手先に集中した。

竿次は弁当箱ほどの柳ごおりの蓋をあけ、黒い糸をつまんだ。竿次はゆっくり話した。

「これが道糸だ。馬素《ばす》って言うんだ。うちのヨシの尻尾の毛を抜いたんだ。それを撚ったもんだ。馬の尻尾はメスがいいんだに。ヨシはメスだから毛もいいんだ。だけどよ、いっぺんに抜くと馬も痛いから一本ずつ抜くんだ。落ちている毛は弱いからダメだ」

尻尾の毛を五～六本撚って一尺半くらいにしていた。撚ったのを何本も結んでいることが結びコブからわかった。撚る本数をだんだん少なくしてムチみたいにしていることも雨男にはわかった。

「馬素は弱いからよく切れるぞ。切れたら、切れたのを抜いてまた撚ればいいんだ。九尺くらいがちょうどいいだに。だがよぉ、馬素は硬いから水に漬けといてシャリシャリさせてから使わんとダメだ」

これが鉤素《はりす》だと言って何本かを輪にした半透明な糸を見せてくれた。

「ヤママユガっちゅう虫がおるがや。お前も知ってるだろうが。蛾になったヤツじゃない。芋虫の奴だ。あの虫の腹をしゃくと白い線が出るがや。ゆっくり引いてくるんだ。尺くらいは出るから、それを酢につけておくだが。それが乾いたら、今度はブリキに小さい穴をあけといてそこに通して引くと鉤素ができるんだ。尺の鉤素ができれば上出来だな」

雨男は納屋にブリキの板があることは知っていたが、鉤素をつくる板ということを初めて知った。ひとくさり説明した後、一本抜き出した。

「そうだ、これ見てみろ。鉤素は乾いてパリパリしとるぞ」と先を持って軽く振った。たしかにピンピンしている。そしてこのままじゃ使えないから釣る前にしばらく水につけておいて柔らかくしてから使うことをつけくわえた。竿次の言葉の一つ、一つが雨男に染みこんでいった。

これが毛バリだ、と茶色い羽根の毛バリを見せた。太い軸のハリに黒い木綿糸で胴を巻いて、茶色い羽根を巻いてある毛バリである。

羽根をつまんでこれが蓑毛《みのげ》だと言った。羽根の径は半寸くらいある大きな毛バリである。ヤマドリの羽根だとつけくわえた。毛バリにはすでに尺くらいの長さの鉤素が結んであった。

「ハリはどうしたが？」

「ハリはよぉ、足助の叔父さんが名古屋にいくついでに頼んで買ってきてもらったもんだ」

と言った後、

「ハリは大事だぞい」

と念を押すように言った。丁寧に折りたたまれた茶色い油紙の中に十本くらいハリが入っていた。色は黒茶である。軸が太くてがっしりしたハリで鉤素を結びやすいようにチモトは平らに打たれていた。

「羽根はヤマドリでなきゃだめなんか？」

「なんでもいいずら。家にヤマドリの羽根があったからヤマドリだ。キジの羽根だっていいんだに。今度、キジが死んでたら羽根むしってこい。メスの胸の毛がいいらしいって聞いたことがあるぞ。鉄砲撃つ猟師はカモの羽根を持ってるから、カモを分けてもらってもいいがや」

道糸の先にたこ糸で作った丸い輪があった。これが乳輪《ちちわ》だと教えてから、竿先の紐をヘビ口と言った。たこ糸を撚ったものだ。「ほれ、ヘビの舌に似てるだろうが」とプルプル振った。

竿次は乳輪をヘビ口に結んで、ほどくことを何度もやって見せたあと「ほれっ、やってみりん」と雨男に渡した。

覚えがよく手先の器用な雨男には簡単なことで一度でできた。竿次はやさしい目をして雨男の手先を見つめていたが、小さくうなずき「それでいい」とボソッと言った。

ひとしきり仕掛けの説明をしたあと、行くか！　と竿次が言った。二人は縁側を立って川に向かった。母親はどうしたことかと二人の姿を目で追った。

竿次の教え

家を出てしばらく道を下り、雑木の藪を分けると段戸川の瀬音が次第に大きくなった。川が近くなると竿次は後ろをついてこいと言った。視界がひらけた先には段落ちと瀬をくりかえす流れがあった。竿次は腰のあたりで数回、手で押さえるしぐさをしてシッ！　と言った。姿勢を低くしろ、声を出すなということだと雨男にはわかった。

竿次の後について川に入った。田起しの後の百姓姿のままである。竿次も雨男も頭にはスゲ笠、首には煮染めたような手ぬぐいが巻いてある。股引きとワラジのドロを川の流れが落として行った。雨男は水の冷たさに一瞬ヒヤッとしたが、やがて水にも春のぬくもりを感じるようになった。ワラジは生まれたときから履き慣れている。と言うかこれしかないからだ。ワラジからは五本の指が出る。十六歳ではあるが、毎日の百姓仕事ですでに雨男の指はコチコチに固まって痛みすら感じないようになっていた。

竿次は猫が歩くように静かに歩いてから、膝をつき岩陰に隠れた。雨男を振り返り、静かに歩け、ガシャガシャ音を立てるなと言った。雨男は竿次の後ろにまわり、中腰になって見守った。

初夏を思わせる陽気だった。むせかえるような緑に囲まれていた。どこからかかすかに花の香りがする。風はない。若いウグイスのホッー、ホケッという鳴き声が聞こえた。陽は西に傾き、影が長くなっている。あと一時間もすれば夕マズメの頃である。

竿次はすぐに毛バリを振らなかった。道糸と鉤素を水に漬け柔らかくなるのを待っていた。まだかと待つ雨男にはもどかしい時間が過ぎた。いくらでもアメはいるのになぜ竿を出さないのか。

竿次は大物を釣る所を見せたかったのだ。しばらくして小さくパシャっと飛沫が飛んだ。

「アメがハネた！」

と竿次が言う。雨男にはハネたのは見えなかったが、顔をそっと上げると大きなアメがゆったり泳いでいるのが見えた。デカイ。そいつに釘付けとなった途端、雨男には瀬音はもはや耳に入っていなかった。静寂が流れている。

だが竿次はヘビ口に仕掛けを結んだものの、すぐに毛バリを振らなかった。竿次は腰をかがめたまま動かない。身じろぎもせず見ている。なぜ毛バリを振らないのか？

バシャとさっきと同じ場所でハネがあった。さっきより音が大きい。あのアメがハネたのだ。竿次が動いた。一度、確かめるように道糸と毛バリに目をやった後、寝かせた竿をスッ！　と立てると、サッと毛バリを振り込んだ。毛バリは静かに、あたかも羽虫が落ちたようにポトッと水に落ちた。

毛バリがわずかに流れたそのとき、バシャ！　と銀色の魚体が右から左へ飛沫とともに空を跳んだ。魚体に青い印をいくつもつけ、赤い点をちりばめたアメが静止して、雨男にはあたかも刻が止まったかのようにくっきり見えた。

飛沫をあげアメが没したわずかな後、竿次はグイッと竿を立てた。ビシッ！　と道糸の張る音が聞こえた。

「雨男！　でかいぞ」

瀬音が消えるような大きな声で竿次は言った。竿次の竿は先から三尺くらいのところからキュッと曲がっている。ビン、ビーンと糸鳴が聞こえる。

竿次はほとんど動かない。魚の動く方に身体を向けるだけで、時折の引き込みには立てた竿はそのままに、竿を前に出すようにして魚をあしらう。竿次の竿さばきに雨男は見とれていた。

やがて観念したように銀色の魚体が浮かんできた。水面近くなると竿次の気配を感じるのか深みに戻ろうとするが、弱ってきたことは雨男にもみてとれる。

竿次はしもてにチラッと目をくれた。目をくれたところは砂利混じりの砂場である。グイと竿をあおり、アメの口を水から出した。一度空気を吸わせたあと竿を寝かせアメを浅瀬に引き寄せた。その先が砂場だ。アメの抵抗がなくなったのをみてから、ヨッォ！　というかけ声とともに一気に砂場にずり上げた。

アメは砂にまみれてバタバタしていたが、竿次は慌てることなくゆっくり歩いてアメをつかんだ。つかんだ親指と薬指の間が二寸はある幅広のアメである。

「オスだ」

ポツリと言った。雨男を見てわずかに口角を上げニコッと微笑んだ。小さい目がより一層小さく見える。家では決して見ることのなかった顔である。アメについた砂を川の水で落としたあとグイッと差し出した。

アメノウオ

「これがアメだ、どうだ、でかいだろう」

尺二寸はある。口をパクパクさせているアメにはもう暴れる力はないようだ。

「雨男、アメは本当はアメノウオちゅうんだ」

アメノウオ？

「そうだ、アメノウオだ。なんでそう言うか知らんが、昔、親父から雨が降ると釣れるからアメノウオだ、と聞いたことがある。たしかに雨の日にゃ釣れるがや。雨の日によく釣れるからアメノウオと言うんだと俺も思うな」

「そうか、アメはアメノウオか」

そのとき雨男はあっ！　と思った。

「俺の名前は雨男だけど、俺はアメか？　アメノウオのアメか？」

と聞いた。しばらく間を置いて竿次は言った。

「そうだ。雨の日にアメが釣れるがや。だからお前を雨男にしたんだが。アメは降る雨じゃないぞ。アメのアメだ」

なんと親父は俺をアメノウオから雨男にしたのか。そうだったのか。魚から名前をつけるなんてと言う気持ちはまったく起きなかった。アメノウオから雨男とつけられても、竿次の釣ったアメをみるとむしろ雨男の名前を誇らしく思えた。アメのような男になれと言うことか。

なんで俺は雨男なのか。雨男という名前が嫌でたまらなかったのだ。小さい頃、遊び仲間はアメオ、アメオと呼んでいたが、学校で雨と男の漢字を知ったころから「やーい、雨おとこ」「お前と遊ぶと雨んなる」とからかいの的になった。

学校を出た後も雨男ではジメジメした男のように思われないか、将来、雨男というだけで嫁も来ないのではと、雨男と書くたびに心が重くなるのだった。

だが竿次が釣ったアメを見て、アメってこんなに見事な魚なのかと驚いた。砲弾のように丸く、張りのある銀色のつややかな肌、エラから尾にかけてうっすらした青にも紫にも見える縦長の印がいくつも並んでいる。

なにより雨男の目を引いたのが赤い点である。赤でもなく、さりとて朱でもない小さな点がくどくもない数で、ほどよく体側に散りばめられている。すべて完璧だ、アメは完璧な魚なんだと雨男には思えた。親父は俺にアメのような完璧な男になることを願ってつけたに違いない、と雨男はそのとき思ったのだった。

雨男は嬉しかった。雨男はアメノウオ。完璧な魚。それだけで胸を張って歩ける気がした。

竿次はアメを静かに川に戻した。手から放れたアメはしばらく横になって激しく息をしていたが、やがてゆっくり身体を起こした。それまで薄かった背中の飴色が、次第に濃くなっていく。体力が回復したアメはゆっくり尾ビレを振りながら流れに帰っていった。

「大きなアメは逃がしてやれ。種になるアメはとっちゃダメだ」と言った。

それからもしばらく竿次は毛バリを振った。八寸くらいのアメが三つ、四つ釣れたところで止めた。出刃で腹を出してから、ホレ、今晩のおかずができたぞ、と小さく笑った。

「小さいアメはいくらでも釣れるが、釣れるからといくらでも釣っちゃダメだ。残して釣るんだ」

竿次の毛バリは上手かった。それは雨男にもわかった。接近するときの姿勢が低く、しかも水にできるだけ入らないようにしている。そのうえ一旦、場所を決めたら動かないので竿次の姿はいっとき川の中の岩になったように見える。

「アメはな、二つ半だ」

と竿次が言う。

「二つ半？」

雨男が聞き返した。

「アメはな、毛バリが落ちてから二つ半で出んだ。一つ、二つ、三つの三つの前だ。三つじゃ遅い。二つ半で出んだ。だから、三つも、四つも流しちゃダメだ。毛バリが落ちたら二つ半で出るから、そこで待ってりゃいいんだ。出るときがわかるんだ。だから掛け損なうのが少なくなんだ」

「なんで二つ半なんか？」

「アメはよぉ、毛バリ見て、追っかけて食うのを二つ半でやんだ」

と竿次は言った。

雨男にはふぅーんとしか思えなかったが、それがアメの習性だと竿次は言っているようだった。

ポンツクの爺さん

「雨男、俺は親父から毛バリをおすかったんだ」

と竿次はポツリと言った。

「爺さんから？」

雨男が生まれたときには足助の町にいた爺さんはすでに亡くなっていたので爺さんのことは知らない。雨男は爺さんが毛バリをやっていたのを初めて聞いた。爺さんも毛バリをやっていたのか。

二人は川から上がっていた。竿次はスゲ笠をとり、手ぬぐいで顔を拭ったあと、座れと石を指さした。雨男も笠をとり静かに横に座った。春の陽に温められた石のぬくもりを感じた。

傾きかけた陽は竿次の黒く日焼けした顔に刻まれた深いシワをより一層、際立たせていた。シワの刻まれた顔と輝くような雨男の肌が世代の違いとともに今後の行く末を暗示してるようだった。

すでに影は長くなり、濃くなっていた。二人の影は長く尾を引いていた。竿次は爺さんのことを話し始めた。毛バリを教えたことで、自分が親父から教えてもらったことを思い出し、伝えたくなったのだろうと雨男は思った。

「俺の親父、お前の爺さんのことだ。親父は昔、下の町の足助にいたんだ」

爺さんは足助にいたのか。

「親父は若い頃は道楽もんで釣りばっかやってたらしいがや、オフクロがそう言うんだから本当だろう。足助のあたりじゃ釣りやる奴はポンとか、ポンツクって言われるんだ。遊び人、道楽もんて意味だろうな」

「ポンツク？」

「そうだ。俺の親父の母親だから、お前のひい婆さんになるな、ひい婆さんが言うには足助の川っぷちには小屋がけして魚とったり、女は篭をつくったりする連中がいて、そんな連中はいつの間にかいなくなったり、また来たりしていたらしい。親父は釣りが好きだったもんで連中と一緒に釣り歩いたりしたらしいが。ひい婆さんは、連中は侍のおちぶれた奴らで血を見ることはなんとも思っちゃいないからやめてくれと何度も言ったらしい。でもよぉ、親父は面白いもんで漁師半分のポンツクだったらしいがや。婆さんは親父のことで泣いていたな。世間からみりゃ、遊び人だもんな。親父の話じゃポンツクの仲間からアメの毛バリを教えてもらったらしいな」

「どこでやってたんか。段戸か」

「段戸じゃない。段戸は足助から遠いが。足助から小一時間歩くと御内蔵連《みうちぞうれ》、金蔵連《ごんぞうれ》というところがあるんだ。そこの川だったらしいが。誰もやらんで、それは釣れたもんだったと親父は言ってたぜ」

「そんなに釣れたんか?」

「二貫目入るビクを持ってたからな。結構釣れたんだな。あるとき、釣り終わって帰る道にアメが何匹も落ちている。不思議なことがあるもんだと思ったそうだ。なんのこたぁない、自分の釣ったアメがビクからこぼれてたんだ。そんくらいアメはいるもんな。釣った魚はその足で足助の料理屋や宿屋に持ってってたらしい。足助にゃ大きな料理屋も宿屋もあるしな。夏は鮎もとってたらしいが。結構、いい金になったと言うが、いつまでもポンツクじゃなかろうと嫁にもらったのがオフクロだ。ところが住むところがない。宇良谷を開拓すれば土地が貰えるという話があったんで宇良谷に来たというわけだ」

　竿次にしては饒舌だった。節目がちに訥々と話した。

「親父は宇良谷でも毛バリをやったんだ。なんせ目の前が川だもんな。性分だから止めれんわ。よっぽど毛バリが好きだったんだな。親父は俺に竿次ってつけたんだ。竿で親父のあとに続くという意味だと聞いたことがあるが」

　竿次ってそういう意味だったのか。

「お前の歳ごろになったとき毛バリを教えてくれた。俺も毛バリをやってみたかったしな。今、俺がお前に見せたろ。あんな風にして俺に教えてくれたんだが。お前に教えたのは何から何まで親父が教えてくれたことだ。俺は親父の後をついて何度も歩いたが、親父は自分の竿は一度も振らせてくれなかったな。竿は自分で作れと言うだけだ。仕方ないから俺は自分で作ったが。だから、雨男、お前も全部自分で作れ。自分の作ったものは大事にするからな」

竿次はゆっくり顔をあげ雨男を見た。

「俺が毛バリをやるようになってから、一度だけだが親父が俺の振ってるのをみてお前も一人前のポンだ、と言ったときは嬉しかったな。そんな親父も俺の歳ぐらいのときポックリ逝っちまって、あとはオフクロと二人で田んぼと畑仕事だ。苦労したな。幸が嫁に来てくれたんで少し楽になったが、こんなところによく嫁に来てくれたもんだ」

竿次にそんなことがあったことを初めて知った。爺さんも毛バリをやってたんだ。話しに聞くだけの爺さんだが俺に教えたように竿次に教えていたのか。

竿次は爺さんの毛バリを俺に教えている。俺の身体に毛バリの血が流れているんだ。そう思ったとき、身体がかすかに震え、胸のあたりがポッと熱くなるのを感じた。目を閉じると見たことのない爺さんが毛バリを振っている姿がまぶたに浮かんだ。それはやがて竿次の姿と重なっていった。

竿次は最後にポツリと言った。

「釣れるからって馬鹿みたいに釣ったらダメだぞぃ。残して釣るんだ」

同じことを重ねて言った。

竿次が毛バリを始めた頃、宇良谷一帯が大雨になり、段戸川源流部がひどく荒れたことがあったそうだ。爺さんが魚を残して釣れって言ったのを守ったのでアメが残ったが、釣れるままに釣っていたらどうだったかと言う意味のことだった。

竿次も百姓のかたわら、いっときアメを大多賀まで売りにいっていたようだ。しかし小さな集落のためなかなか売れず、かといって足助までは遠いのでいつの頃から毛バリを仕事にするのはやめたようだった。

竿次の長い話は終った。まだマズメの明かりの中で竿を振れるから、振ってみろと竿次が言うのを期待したが竿次は言ってはくれなかった。爺さんも竿次に竿を振らせなかったからだろうと雨男は思った。

その夜、雨男は水面を割ってズザッと跳躍するアメの夢を見た。アッ！　と思わず声が出て右腕がビクッと動いた。それがきっかけで夢から覚めた。夢かぁ。家族は深い眠りの中だった。

翌朝、俺も毛バリやりたいからもっと教えてくれと言ったが、竿次はナタと出刃を黙って渡すだけだった。もう教えた。あとはお前一人でやれという無言の言葉だった。

それからの雨男は野良仕事の合間に竹を切り、夜にはランプの下で枝を払い、節をきれいにとった。ニギリは竹をスパッと切っただけの竿次の真似をした。見ようみまねで馬素を作った。これでいいかと見せても竿次はチラッと目をくれるだけである。

ちょうどヤマママユガの季節だったので芋虫から線を引き出して母親からもらった酢につけておいた。鈎素にするためだ。乾いたところで納屋からブリキ板を引っ張り出して鈎素を作った。十本作っても途中で切れたりして、そこそこなのは二本くらいである。

竿次からハリを一本もらい胴を黒い木綿糸で、ヤマドリで蓑毛を巻いた。ハリを渡すとき「大事にしろ」とボソッと言った。

ときどきチラッと見るだけで竿次は一切、口を挟まなかったが、竿はまだ使っちゃ早い、来年だぞという意味のことを言った。家では別人のように無口であった。

弟の晴男も小学校を出て野良仕事の手伝いができるようになったので、兄弟二人して夜は縄なえの仕事をした。竿次は縄なえの手を止めることなく、聞こえるかどうかの声で毛バリのことをボソボソと話した。雨男に話しているようであり、晴男に向けているようでもある。

こすいアメの話とか、毛バリの振り方、合わせなど同じ話を夜ごと話すので、雨男には毛バリのすべてが頭に入っていた。毛バリのすべてを教えたいという竿次の気持ちが雨男には伝わっていた。

晴男は毛バリは興味がないようだった。一度も毛バリをしたことがないのに竿次の話は何のことかさっぱりわからない。晴男には竿次の夜ごとの話は次第に苦痛になっていった。竿次は晴男には興味がないことがわかると、ある日、山向こうの猟師の家を訪ねさせた。

猟師は晴男にワナの作り方を教えたようだ。ワナ猟に興味をもった晴男はヤマヅルでウサギのワナを作るようになった。

竿次は仕事の間に仕掛けをつくることだけは許していた。どっちみちあと四年もすれば兵隊にとられる。兵隊にいけば生きて帰れるかわからない。今のうちだけだ、という思いがあったからだろう。父親は早くに亡くなり、母親と二人暮らしだったので竿次は兵役を免除されていたが、命をかける兵隊の苦労はよくわかっていた。

季節は巡り宇良谷にも遅い春が来た。冬の寒さが厳しかったためかいつもの年よりフジの咲くのが遅かった。

イワナ

「フジが咲いた。毛バリだ」

竿次がポツリと言った。その言葉で毛バリができるぞと雨男の心は騒いだ。ある日、田んぼ仕事が終わった夕方、雨男は軒下から竿を下ろした。

「お前いくんか？」

と竿次は声をかけた。

「おう！」

と声を残して足早で川へ向かった。その背中に「お前もポンだなぁ」という竿次の声が届いた。

その日、雨男は八寸はある四匹のアメを釣った。笹にさしたアメを母親に差し出した。

「おや！　雨男が……」と母親は声を出し、雨男がね……と言いたいのをこらえて竿次にアメを見せた。

竿次は笹にぶら下がったアメをチラッとみて、うん！　と小さくうなずいたが、雨男に声をかけることはなかった。

その夜は麦と雑穀まじりの飯、味噌汁と漬物だけの貧しい食卓にアメの塩焼きがついて、会話はほとんどなかったが皆の心がほっとゆるんだのが雨男にはわかった。

以来、野良仕事の後、わずかな時間でも雨男は竿を出して食卓をにぎわした。腕はどんどん上達した。毛バリは面白い。魚との駆け引きに雨男は夢中になったが、喜ぶ家族の顔を見るのが何よりうれしかった。雨男が毛バリに行きだすと竿次はまったく竿を出さなくなった。

ある日、八寸あまりの背中が茶色の細い魚が釣れた。アメじゃない。なんなんだこの魚は。竿次に見せるとイワナだ！　とボソリと言った。

イワナ？　初めてみる魚だ。

「イワナはもっと上にいる魚だ。お前がやっているところはいないが。もっと川の上に行ってみろ。数は少ないがいるぞ」

と竿次は言う。

雨男は段戸川をやや下ったところで竿を出しているだけで、上流に一度も行ったことはなかった。上に行けば峠を越えて豊川に降りる細い道があってその道沿いにいることを竿次が教えてくれた。よし、行ってみよう。

ある日、野良仕事が終ったあと上流に向かった。川は次第に細くなり藪をかぶるところも出てきた。

これじゃ毛バリは振れないと思った雨男は、竿をそっと出して毛バリを水面にポトっと落とした。落ちたと同時に茶色い六寸くらいのイワナが飛び出し、毛バリにぶら下がるようにして掛かった。合わせも、駆け引きもなく釣れたので雨男にはアメのような感動を感じなかった。

少し掘れたところや岩のキワに毛バリを落とせば必ずイワナが飛び出してきた。が、せいぜい七寸どまりで引き回すようなイワナは一つも釣れなかった。

小さいのばかりだ。なぜだ。川が小さいから大きくなれないからだろうと雨男は思った。やっぱりアメの方だ。でかいのが出るしコスイから面白い。イワナを釣ったことでかえってアメへの思いが強くなった。この日以来、雨男はイワナを釣っていない。

そんなある日、母親から足助で塩を買ってくるように頼まれた。足助？　一瞬、遠いなと思ったがすぐに「行く！」と返した。足助までは十六歳の少年の足でも下りで四時間、上りで五時間はかかる。段戸川を大多賀まで下り、その足で足助川源流の峠道まで上がる。そこからは川に沿って下りになるものの二時間はみなければならない。だが足助に行けば菓子も買えるし本も読める。宇良谷からすれば都のようなところである。

母親は雨男に銭を渡した。塩の銭より少しあったのは足助で遊んで来い、晴男に土産を買って来いという親の心遣いだった。段戸川を下り、くだんの淵を覗いたのは何年ぶりだろうか。そっと覗くと、
いた！

あのかけ上がりにいた。待てよ、あのアメは昔のアメじゃない。アメの命は二、三年と竿次が言ってたから別のアメに違いない。

以前のアメよりずっと大きいように見える。それにしてもまったく同じところにいて、同じようにゆったり餌を食っている。アメのつくところは同じなんだな。よーし、足助から帰ったらこいつを毛バリで釣ると決めた。

雨男が足助に行ったのは小学校の遠足以来である。行き交う人の多さにただただ驚き、うろう

ろするばかりだった。

雨男は銭を使うのも初めてだ。銭の入った巾着袋を握りしめ、家からもっていった塩壺をかかえて足助の町を歩いた。大問屋で塩を買おうとしたが、ここじゃ売らないと言われた。街道のはずれの小売りの店を教えてもらいやっとのことで塩が買えた。その後、入り組んだ小路の万屋《よろずや》で家族の土産にたんきりアメと塩まんじゅうを、晴男には「日本少年」を買って宇良谷の家まで帰った。

対峙

その日は、代掻きも終わり田植えを待つだけの日だった。三時ごろには仕事も終わったので、竿次に一言、行ってくると言葉を残して段戸川を下った。竿次は目で追っただけで、いつものことで声はかけなかったが、太めの竿を持っていった雨男に心が動くものがあった。

初夏を思わせる陽気で、気持ちのいい南からの風が雨男の足どりを早くした。色とりどりの緑が雨男を包んでいたが雨男の目には何も見えていなかった。鳥の声も花の香りも雨男には届いていない。

雨男の心は急いでいた。早く竿を出したい。次第に早足になった。淵に着く頃には額からドッと汗が吹き出していたので首に巻いた手ぬぐいで汗をぬぐった。手ぬぐいからは野良仕事の汗の匂いがした。淵についた。杣道からそっと覗く。

いる！

いつものかけ上がりでゆっくり右に左に動きながら時折、大きな口を開ける。食ってる！

時々、ゆらっと水面に出て白っぽい羽虫を食ってまた戻る。羽虫を追ってアメも下る。そんなとき、自分と目が合うのでないかと思わず首をすくめる雨男であった。

淵から少し下流の浅瀬に下りた。笹や折れた枝が股引にからみ、ワラジの足にまとわりつくが、雨男の足はそんなことで傷つくようなやわな身体ではなかった。まだ冷たい川の水が足のドロを流していった。

もう何回も毛バリを振っているので手順はわかっている。仕掛けは竹の筒に巻いてある。まず、乳輪をヘビ口に結ぶ。だが、こきざみに手が震えてうまく結べない。ヘビ口に輪が通らないのだ。どうした、落ち着け！　ゆっくりやれ！　雨男は何度も声を出して落ち着こうとした。心臓の鼓動が早い。早鐘のようにドクドク打つ鼓動が耳に聞こえるようだ、落ち着け！

やっと結べた。スルスルと道糸、つぎに鉤素、毛バリを出していく。道糸も鉤素もバリバリしているので一度、水に馴染ませなければならない。雨男はしばらく毛バリとともに水につけておいた。この間にも心臓の鼓動は収まらなかった。足がフワフワして自分の身体ではないようだ。水の冷たさも感じなかった。口が渇いている。片手で水をすくって飲んだ。

水を飲んだことで落ち着いたのがわかった。雨男は一度、大きく息をした後、ニギリをもってビシッと竿を一振りした。ビシャビシャと上がった飛沫が霧のようになって消えていった。霧の中に小さな虹が見えヤマドリの毛バリが宙を舞った。

いよいよだ。でかいアメはこすい、が竿次の口ぐせだった。アメはこすいから姿みせちゃだめだ、腰を落とせ、音を立てずに歩け、水に入るな。

雨男は腰を落とし、にじり寄るようにして淵に近づいた。左手に身を隠すに手頃な岩がある。そこにそっと身を寄せて顔をあげ淵を見た。よし、アメは気づいていない。

毛バリを失くすなと竿次はくどく言った。アメはいくらでもいるが毛バリは大事だぞ。木に引っかけたらなんとしても取ってこい。毛バリを木にかけないか周りを見渡した。竿は十尺、仕掛けも十尺。ニギリの端にちょうど毛バリがある長さだ。

毛バリを指で挟んで鉤素をクンクン軽く引いてチモトがしっかり結ばれていることを確かめた。竿次がやったように竿と仕掛けを下流に向けて横に倒した。こすいアメには竿をみせちゃダメだ、一回で振れという竿次の教えである。

顔をそっと上げてかけ上がりをみた。相変わらずゆらゆら動いて餌をとっている。虫を食った！　今、毛バリを落とせば食うと思ったが、待った。

雨男は竿次が初めて毛バリを教えてくれた日のことを思い出していた。アメが羽虫を食ってもすぐに毛バリを振らなかった。もう一回、食うのを待ってから毛バリを振ったのだ。そうか、あれは羽虫を食うのに間合いがあるからだ。間合いを計るためにすぐに毛バリを振らなかったのだ。

雨男は待った。また羽虫を食った。羽虫を食う間合いがわかった。改めてニギリを握り直した。ニギリは手の平の汗でベタベタしていた。

雨男は流れの筋とアメが羽虫を食っている場所を確認した。白泡がやがて細い白い筋になりポツポツと泡に代るところである。よく見ると底石で小さく二つに分かれた流れが再び集まる筋でアメは食っている。あそこにいれば目の前を餌が流れてくるのだ。

わかった。雨男はサッと竿をたて道糸を小さく後ろに振り上げた。道糸がピッと後ろで張るわずか前にニギリを軽く前に倒した。馬素は細いムチのように飛んで毛バリを運んだ。

毛バリは静かに水に落ちた。毛バリが筋に乗ってわずかに流れたとき、アメもスッと浮き上がって食う体勢になった。食うぞ、食え！　食え！　ニギリを持つ手に力が入った。心臓がドクン、ドクンする。

食え！　まさに毛バリがアメの口に入る寸前、アメは食うのを止めたのだ。スッと沈んで元の場所に戻った。あ！　どうした。食うと思ったのに。なぜだ。雨男は毛バリを引き上げた。

筋を流せ

なぜだ？　なんで食わない。こいつはこすいアメだ。アメが毛バリを食わないわけを竿次が教えてくれたことはなかった。なんでだ。毛バリのつくりが悪かったのか？　いやそんなはずはない。これまでもこの毛バリでアメは騙されてきたんだ。

なぜなのか雨男は岩に隠れてしばらく考えていた。アメは毛バリがわからない意味のことを竿次が言ったことがある。

「あいつら目が悪いで、細かいところはわからん。虫らしけりゃいいんだ」

そうか毛バリのつくりが悪かったんじゃない。ならなんだ。雨男は竿次の言葉を思い出そうとしていた。そう言えば親父は筋、筋、筋が大事だと言っていたな。筋を流せば食うだと。

わかった！　そうかアメが寸前で食わなかったのは筋をはずれて流れたからだ。毛バリは筋だ。筋を流せば食う。しかし、どうやったら筋を流れるのか。鉤素をピンと張ったら毛バリが筋をはずれる。だったら鉤素を緩めたらいいんじゃないか？　と思った。絶対そうだ。そうに違いない。筋を流せば釣れるぞ。今度は絶対釣れるように思えた。

再びかけ上がりに目をやった。アメは何ごともなかったようにゆらゆらと右、左に動いてときどき口を開けている。

よぉし、今度こそだ。雨男は一流に竿を倒してから、流れの筋と毛バリを落とす場所を確認した。頭の中で筋だ、鉤素を緩めるんだと唱えた。また鼓動が早くなった。

毛バリはストッと水に落ち、筋に乗って流れた。竿を倒し、鈎素を緩めた。出る！　出るぞ！

アメがスッと浮いて大きな口を開けた。食え！　アメは静かにスポッと毛バリを吸い込んだ。茶色い毛バリが雨男の視界から消えた。

食った！　雨男はグイと竿を立てた。一旦沈んだアメの頭が水に出てバシャッと激しい飛沫が飛んだ。ガシッと糸が張った音がした。やった！　でかい。ずしりとした重みが竿から伝わってくる。ビィーン、ビィーンと糸鳴りがする。絶対ばらしちゃなんないぞ。

アメは淵の中にグイグイ潜ろうとする。これはいかん。アメについていくしかない。無理に引っ張れば鈎素が切れる。竿を立てろ。竿を寝かしたら鈎素が切られる。竿を立てたままアメの後を追って数歩歩いた。絶対に潜られちゃならんぞ。鈎素が石で切れる。

雨男の頭には竿次の教えやら自分の思いつきがグルグルまわっていた。時間にして一分か、二分、あるいはもっと長かったかもしれない。

アメがクルクル回るたび水の中に銀色がきらめく。少しずつ浮いて来た。水面まで来ると雨男の気配を感じて頭を下げて淵に潜ろうとする。なんども繰り返したが、やがて飴色の背中が水を割った。背中の無数の黒い点が目に入った。こいつはでかい。

取り込みにかかろうとしたが、振り込む前にどこに取り込むか考えていなかった。下流にチラッと目をやるとかけ上がりのしもては一段の段落ちになっていてそこから早瀬がしばらく続く。

瀬に入られたらやっかいだ。

どうする。淵で取り込むか一段落とすか。どうする。淵なら近くまで木や竹がせり出しているから下手をすると道糸をからませる。

雨男は思いのほか冷静な自分に驚いた。淵で取り込むことに決めた。さしものアメも弱ってきた。それまでは雨男を引き回していたが、雨男が竿を引けば身体の向きが変るようになってきたからだ。

ググッと引き寄せた体側にあざやかな朱点が一瞬みてとれた。取り込むぞ。玉砂利ほどの石でできた二畳くらいの広さの右岸に向けて竿を倒し、アメを誘導した。アメが横になったときに一気に抜くしかない。

「ためらったらダメだ」と口に出した。玉砂利のきわまで寄せて、よぉ！　と声を出してアメを抜いた。竿次がしたように。

アメは乾いた玉砂利の上でビトン、ビトンと跳ねている。口からは毛バリで傷ついた血が出ていた。雨男は親指と小指を広げ、二つの手を添えて長さを測った。「尺五寸だ！」と雨男は声に出した。

手につかんでじっとアメを見つめた。上あごが下あごを覆うように出ている。歯が鋭い。体側のうす紫の印は乱れた模様となっていて、しかもうっすらとしか見えない。竿次のアメより一回り大きいオスだ。完璧な姿をしたオスだった。この川の主かもしれないぞと雨男は思った。

まだ息がある。雨男はハリを外して両手でやさしくつかみ水際に運んでそっと流れに入れた。アメは手の中でゆっくり身体を起こしパクパクと何度もエラを広げた。飴色の背の黒い斑点が浮き出て見えた。立つように支えていた両手を静かに離した。しばらく動かなかったアメはやがて二、三回大きく尾ビレを振ると、ゆっくり、ゆっくり淵の中に消えていった。

雨男はアメが消えた先を見ながら「これでいい」とつぶやいた。あのアメは俺だ。死なせちゃなんない。生きろ！

雨男はアメ。アメは俺だ。薄暗くなった帰り道で雨男は何度も声に出して言った。目をつむればアメが毛バリを吸い込んだ瞬間が見える。耳にはビンビン響く糸鳴りが聞こえる。ギュッと手を握ってみた。アメの強い引きが手に残っている。

あぁ、俺はあのアメを釣ったのだ。川の主だ。あのアメを釣ったことで男としての自信が静かに湧いてくるのを感じていた。俺はできる。できるぞ。それは家が近くなるにつれある思いに変わっていった。

家に帰った雨男に釣れたか！　と竿次が珍しく声をかけた。雨男は大きくうなずいて「おう！」とだけ返した。その声の大きさに雨男がでかいアメを釣ったとわかったが、それ以上何も言わなかった。

ブナ林に埋もれて

初夏になり、田んぼの稲が一尺ほどに育ったとき雨男は家を出た。竿次も母親も止めはしなかった。雨男はアメだからなと竿次はボソッと言った。

このまま宇良谷で一生暮らすことはできない。俺はアメだから。雨男の強い意志だった。宇良谷では雨男が足助に出たとも、名古屋に行ったとも噂したが竿次は何も言わなかった。

雨男は名古屋の親戚のつてで堀川端の魚問屋の丁稚になっていた。仕事はつらかったが三食白い飯が食え、電気も水道もある暮らしは極楽のようだったと述懐している。

そこでアメノウオを鯇と書くのを知った。完全な魚の鯇。それを知ったとき鈴木鯇男《あめお》と改名している。

二十歳の徴兵検査は甲種合格であった。名古屋第八歩兵連隊に入営し、二等兵で満洲に派兵された。時代は昭和の初めの日本の海外進出の頃である。部隊は満洲に駐屯し、満蒙開拓団の警護と、ソ満国境の監視の任務にあたった。冬の極寒のソ満国境の監視は死を覚悟する日々だったという。

満洲の荒野を流れる川にはタイメンがいた。魚問屋にいたことから部隊長から魚の補給を命じられていた。タコ糸に結んだハリに肉をつけ、投げておくだけで簡単にタイメンが釣れた。大きなものになると綱引きのようだったと言う。手榴弾を投げてとったこともあると笑うが、あながちウソではないだろう。

魚を捌くのはお手のもので、鯇男の魚は軍律厳しい部隊にしばしの団らんをもたらした。上等兵のうけがよかったのも魚のおかげだったと語っている。

二十四歳で兵役を終えた鯇男は夜も昼もなく働き、四十を前にして念願だった川魚問屋を岐阜の柳ヶ瀬に開いている。商いは長良川の鮎とウナギ、それとアマゴが主であるが岐阜のナマズ、津島の川魚など川魚なら何でも扱ったため県内一の大問屋となっている。鯇男の店ではアマゴはアメか、アメノウオと呼ぶように店員に徹底させていた。

病を得て東京オリンピックの年、五十歳の若さで亡くなっている。今は孫が柳ヶ瀬の店を継いでいるが、この店では今もアメか、アメノウオで、アマゴとは呼ばない。

雨男が家を出てからの晴男は田んぼ仕事のかたわら猟師の弟子になりイノシシ、シカの猟師をやっていた。二十で徴兵され、兵役を終えたあと宇良谷に戻ったがその後、名古屋に出て三菱発動機の工員となっている。終戦の年の三月、名古屋大空襲で左足に重傷を負い、好きだった猟師の道を断念した。戦後、小さな鉄工所を起こしている。大阪万博の年に五十四歳で亡くなった。

宇良谷に残された竿次と幸は戦後すぐの冬の豪雪に耐えられず、夫婦揃って足助の町に下りた。

宇良谷の家は深いブナの林の中で朽ち果て、藪におおわれた跡地には土に埋もれた茶碗のかけらがあるのみで、かってここに毛バリを相伝した暮らしがあったことを伝えるものは何もない。奥三河の毛バリを知る人は今は誰もいない。

鯇

あとがき

テンカラを50年続けてきた。飽きっぽい性格なのにテンカラだけは続けることができたのはなぜだろうか。つきなみだが渓流という素晴らしい自然の中に身をおき遊ぶから。

それだけでは50年も続かないだろう。テンカラそのものにあるように思う。

竿、ライン、毛バリの３つだけのテンカラ。毛バリにしてもほぼ1種類で凝った毛バリは必要ない。釣りのできる最小限の仕掛けでアマゴ、ヤマメ、イワナを釣る。これ以上ないほどそぎ落として魚と対峙する。そこに求められるのは腕と頭（状況判断）だけである。

テンカラは奥が深い釣りである。どの釣りも楽しく奥が深いが、道具に頼らないだけ魚との距離が近い。釣れるかは自分の腕次第で、それゆえ釣った感は他の釣りより強い。釣れなければ仕方ない。言い訳ができないそんな潔《いさぎよ》いテンカラが私は好きなのだ。

シンプルだけにもっと釣れるのではないか、どうすれば釣れるかを追求し、腕を磨き続けた50年であったように思う。テンカラに出合って幸せだった。

体力の低下は否めない。人生は順送り。仕方のないことである。バランスが悪くなった。石を跳ぶなど危なくてできない。よろよろ、ゆるゆる、時間はかかるが安全第一、ケガをすれば私には明日はない。

薄暗くなった頃、大日谷の魚止めから走るようにして15分で車に戻ったのは40半ばである。ガボガボのバカ長で。あの頃は疲れを知らなかった。今は若い人に大丈夫か？　と心配されながらの介護テンカラである。

大学教員も50年勤めた。ものごとを分析的に考えるのは研究者の習いである。原理、法則、文献、仮説、実験……から答えを導き出す。テンカラも分析的に考えたので本書も理屈っぽいものが多くなったことはお許しいただきたい。あぁそうなのかと思ってもらい、日々のテンカラに役立つことがあれば幸いである。

50年も続けることができたのは何より多くの人との出会いがあったからである。私に刺激と活力を与えてくれたのは出会った人の一人、一人である。著名な名人、講習会でしか会ったことのない人、ホームページを見てくれる人すべてが活力の源泉である。感謝しかない。

本書の出版にあたって強く出版を勧めてくれた（株）風詠社の大杉剛さんにお世話になりました。お礼申し上げます。

石垣　尚男（いしがき　ひさお）

1947年2月静岡県生　豊田市在住
愛知工業大学名誉教授、医学博士　紺綬褒章受章
専門研究　スポーツ視覚学

《監修》
任天堂「DSメヂカラトレーニング」320万本発売
アシックス「スピージョン」
KOWA「横方向動体視力計　HI-10」ほか多数
《テレビ出演》
世界一受けたい授業に13回出演、ほか多数
《著書》
新潮社「眼力の鍛え方」
講談社「一流スポーツ選手になるためのスポーツビジョントレーニング」
ほか多数

テンカラ関係
《著書》
科学する毛バリ釣り（廣済堂）
テンカラ解体新書（釣りサンデー）
読んではいけない毛バリ釣りの真実（人間社）
超明快レベルラインテンカラ（つり人社）
《VHS・DVD》
テンカラの達人パートⅠ（釣りサンデー）
テンカラの達人パートⅡ（釣りサンデー）
最強レベルラインテンカラ（釣りサンデー）
テンカラ先生も誰でもできるテンカラ入門（釣りサンデー）
実釣レベルラインテンカラ（つり人社）
テンカラ Hit Vision（つり人社）
数か尺ものか テンカラ新戦術（つり人社）
《ダウンロード》
MasterTenkara（CWP）
《シマノ》
釣り百景、おとな釣り倶楽部など多数

テンカラ 50 年

2024 年 12 月 19 日　第 1 刷発行

著　者　　　石垣尚男

発行人　　　大杉　剛
発行所　　　株式会社 風詠社
　　　　　　〒 553-0001　大阪市福島区海老江 5-2-2 大拓ビル 5 - 7 階
　　　　　　TEL 06（6136）8657　https://fueisha.com/
発売元　　　株式会社 星雲社（共同出版社・流通責任出版社）
　　　　　　〒 112-0005　東京都文京区水道 1-3-30
　　　　　　TEL 03（3868）3275
印刷・製本　シナノ印刷株式会社

ISBN978-4-434-35088-7 C0095
乱丁・落丁本は風詠社宛にお送りください。お取り替えいたします。